# 揭密保險

為風險與人命……業模式，
如何打造與權……禺帝國？


利倫・艾納夫
艾咪・芬克爾斯坦
雷・費斯曼——著
許可欣——譯





*Liran Einav*
*Amy Finkelstein*
*Ray Fisman*


# *Risky Business*

*Why Insurance Markets Fail and What to Do About It*

|目錄| CONTENTS

序言

# 為什麼保險常常無法發揮作用？

許多序言或作者的筆記都以兒時的痴迷、形成的經歷或閃電般的頓悟為開場，但這不太適合保險經濟學的書。比起兒時夢想，致力於保險研究的人生更可能是偶然發生的，就像在抽屜深處意外找到一雙棕色舊襪子，而不是從小就懷抱的夢想。

第一位作者利倫（Liran）熱愛數據，而他有個朋友擁有極多的保險數據；此外，與當時其他經濟學家所研究的領域相比（像是優格、洗衣粉、水泥），保險有魅力多了。所以，這就是他故事的開始。

第二位作者艾咪（Amy）對保險的熱愛，始於她的論文導師吉姆·波特巴（Jim Poterba）向她介紹了年金合約的深奧世界（與壽險合約在你去世後才支付相反）。正因你永遠忘不了初戀，她最終還是轉向了健康保險，因為你可能也知道，美國的健康保險市場很大，占整體經濟的五分之一。

第三位作者雷（Ray）其實根本不研究保險，但艾咪在一次晚餐中，不知怎麼地說服他寫這本書會是個好主意，就像說服別人買下布魯克林大橋是個投資好機會那樣。

艾咪最初提出的想法，和我們最後要寫的書相差甚遠，她認為大眾渴望了解她和利倫的研究中一些非常技術性的細節。不用說，她錯了。

但在說服雷寫最初版本的失敗過程中，發生了一件有趣的事。我們發現大多數人可能認為保險是非小說類書籍中的棕色襪子，乏味又沒有吸引力，這只是因為多數人——好吧，幾乎所有人——從未考慮過保險。只有在他們支付房子或汽車保險帳單時才會想到：「哇，真貴！」或是打開醫院帳單，想到有人會幫他們支付費用而鬆口氣（或忿忿不平地想知道為什麼保險公司拒絕理賠）。

多數人不知道自己錯過了什麼。

## 陪伴你我數千年的保險

保險有段漫長且傳奇的歷史——第一份保險合約至少可追溯到古美索不達米亞。保險也困擾著一些史上最偉大的思想家。愛德蒙·哈雷（Edmund Halley，是的，就是彗星的那個哈雷）費盡心思計算，列出各個年齡段的人在一年內可能的死亡機率。這些表格成為第一次嘗試定價人壽保險和年金的基礎（這邊先劇透：他算錯了）。十七世紀的傑出數學家亞伯拉罕·棣·美弗（Abraham de Moivre）有個影響長遠的貢獻是——他為電腦時代之前的保險業務員，提供一個簡化這些計算的公式。

保險在世界歷史上一些關鍵事件中，也扮演極其重要的角色——十八世紀歐洲國家藉由販售保險產品來資助戰爭和帝王的奢靡，而不是發行債券。但保險產品經常定價錯誤，最終累積出無法償還的債務，以法國為例，代價就是瑪麗王后的頭顱。

許多文學或戲劇傑作都仰賴保險的特殊性，作為故事的必備條件。亞瑟·米勒（Arthur Miller）的著名劇本《推銷員之死》（*Death of a Salesman*）就是一例——他的悲劇主角威利·羅曼（Willy Loman），希望在人壽保險合約的細節中找到救贖。保險也在許多較不知名的大作中客串演出，包括泰勒絲（Taylor Swift）的歌曲〈無證無罪〉（No Body, No Crime）和《辛普森家庭》（*The Simpsons*）的〈飛行地獄鯊的詛咒〉（Curse of the Flying Hellfish）。

不要再把保險單純視為你和蓋可保險（GEICO）或好事達保險（Allstate）簽署的年度合約，而要考慮保險對人們生活的影響，這些都很重要：生與死、破財和避災——各種在歷史或個人層面上發生的人類悲劇。如果保險發揮功能，它能拯救人們，至少能在危險且不確定的世界中提供一層保障。

關鍵在於：保險往往無法發揮作用——這就是本書存在的目的。

## 讓保險市場迷霧重重的「選擇問題」

為了不要劇透太多，只能說所有保險產品都有一個特點，它讓保險市場充滿謎團、挫折，還有……這麼說好了，陰謀。這個特點被稱為選擇問題（selection），也就是本書的重點。

保險銷售員不只關心他們賣出多少，也關心銷售的對象。換句話說，他們關心要選擇哪些客戶。為什麼呢?因為有些客戶的保險成本比其他人還貴。

我們在接下來的章節也會解釋羅曼的壽險合約背後的選擇問題。選擇問題解釋了為何哈雷的死亡率計算錯得離譜;(至少部分)解釋為何法國王室出售的年金是個滴答作響的財務定時炸彈,最後導致瑪麗皇后付出高昂的成本,也就是她精心打理的頭顱。更關乎現代生活的是,選擇問題解釋了為何牙醫保險誇張地不足,以及為什麼保險不能保護你免因離婚爭端而破產,或為十五歲的臘腸狗購買醫療保障時,費用為何如此高昂。

選擇問題就像一場雙方對峙的貓捉老鼠遊戲,保險公司試圖挑選對的(並避免錯誤的)客戶,而「錯誤」的客戶則竭盡所能要讓保險公司相信他們其實是對的客戶。

誰會在這場智力和資訊的對戰中脫穎而出?繼續看下去就能分曉,這裡不會告訴你答案,但部分原因是要宣布哪一方才是贏家,也並非易事。

讓事情變得更加複雜(且混合了一些隱喻)的是,保險公司和客戶間的貓鼠遊戲並不是自由發起的比賽。政府經常充當資訊裁判,決定客戶可以保留什麼祕密,以及保險客戶可以挖出多少客戶的過去。在某些案例中,政府甚至跳過中間人的角色,成了保險的直接供應者。正如我們將看到的那樣,無論政府是擔任裁判,或是直接扮演貓的角色,它有時可以成功避開選擇問題，但有時候則讓這些問題更加惡化。

冒著妄自尊大的風險（當然多少有點誇張），本書將幫助你理解這個世界現在及未來的樣子。我們將打開你的視野，讓你明白選擇為何重要，以及理解市場（包括保險市場）何時以你和社會的利益為中心，何時沒有？如果你曾好奇為何保險可以這麼貴，卻好像不能得到多少回報？是否應該將道路救援加入汽車保單中？甚至在隔年十一開放登記期時要做什麼？這本書都能幫助你。如果你不曾好奇，本書對你仍會有所幫助。

或者你認為世界需要改變，或許你是一個想要顛覆保險業的有志之士，或是一個政策愛好者，認為政府在提供健康（或其他）保險時，應該扮演不同（或更重要）的角色。這本書也會告訴你，許多保險公司即使在創業時有聰明、有企圖心的創業者，最終仍以失敗告終的原因；以及為何健康保險這個美國政治中的關鍵問題，無法透過任何簡單的政策解決方案來處理；我們也將帶你走過一次次因選擇問題而引起、令人左右為難的抉擇。

最後，我們希望你能更加理解世界上某些一直讓你感到困惑的事，甚至解決一些曾困擾你、讓你花費時間思考的謎團。或許我們永遠無法說服年輕孩子們保險是件很酷的事，但或許我們能讓你同意它很有趣且值得關注，而不是像棕色襪子那樣平凡乏味。

# 第一部

# 進入保險世界

# 第一章
# 保險市場的崩潰——你永遠不會比顧客聰明

一九八一年，美國航空（American Airlines）想出一個看似絕佳的主意，來守住它最忠誠的客戶，提供他們保障終生無限頭等艙的旅程通行證（下稱AAirpass），價值是二十五萬美元（經通貨膨脹調整後，約等於今天的三十三萬美元）。那就像遊樂園的一日暢遊手環，但不用按搭乘次數付費，而是可以終身享受免費的雞尾酒與平躺座椅，還有一九八〇年代一群身著大墊肩套裝、頂著一頭捲髮的空姐服務。

公司假定新的AAirpass能吸引到像《型男飛行日誌》（*Up in the Air*）裡喬治．克隆尼（George Clooney）那樣，總是不停在機場和各個公司間奔波的「商務及專業人士」。根據當時美國航空總裁羅伯特．柯蘭多（Robert Crandall）所說：「這個計畫對『休閒旅客』而言沒有任何意義。」

柯蘭多後來承認在AAirpass的使用上，「很快就能明顯看出大眾比我們聰明。」一名AAirpass持有者光是在七月，就預訂了新斯科舍（Nova Scotia）到紐約、邁阿密、倫敦、洛杉磯、緬因州、丹佛，再到羅德岱堡（Fort Lauderdale）的假期，而且在這一個月的旅程中多次到訪這些目的地。還有一位客戶於一個月內在芝加哥和倫敦之間往返十六次。尤其是在芝加哥來回倫敦這種熱門航線，AAirpass的持有者占據了原本應該由付費客戶填滿的座位，光是十六趟芝加哥往返倫敦的航班，按票價計算就價值十二萬五千美元。

AAirpass成為一項昂貴的計畫，所以美國航空毫不意外地提高價格，以彌補其天價的成本。到了一九九〇年，AAirpass的價格已從二十五萬美元漲到六十萬美元，但這只讓問題更加惡化。現在只有那些「真正」致力於航空生活的人，才願意為通行證付出代價，而美國航空為了服務那些仍對AAirpass有興趣的客戶，成本上升得比票價還快。三年後，票價已經突破一百萬美元；到了一九九四年，美國航空決定停損，取消這個計畫。[1]

美國航空用一場嚴厲的教訓，學到「願意付出最高價格的客戶，有時會是你最不想要的客戶」。這個教訓對美國航空來說很慘痛，但對我們很重要，它讓我們能從兩萬英尺的高度，觀看「私有訊息」（private information）如何導致市場緩慢崩潰，它也顯示即使像美國航空總裁這麼精明的商人，也可能無法預測市場的崩潰。柯蘭多不了解大多數願意支付二十五萬美元、以獲得無限頭等艙航班的人，屬於罕見的旅行者，他們會為了純粹的樂趣而不斷飛行。

你或許不會同情因這場災難而遭受損失的美國航空股東，也不在乎AAirpass經歷十年的虧損後不再發行。但這只是背後大問題的其中一個例子，這個問題困擾著任何一個市場，在這個市場中，賣家不僅關心他們賣了多少，還關心他們賣給誰。我們稱此為「選擇市場」（selection markets），因為賣家在乎哪些客戶選擇他們的產品。

大約在美國航空推出倒楣的AAirpass十年前，未來的諾貝爾獎經濟學者喬治．阿克洛夫（George Akerlof）已經預言它的失敗，他提出私有訊息（買家知道賣家不知道的訊息，或者反過來）的基礎架構如何摧毀一個市場。他在一九七〇年發表了一篇名為〈檸檬市場〉（The Market for Lemons）的十二頁論文，就像其他經濟學的重要想法一樣，它本質上非常簡單，許多簡單的現實生活案例即能清楚說明，AAirpass就是其中之一。一家公司無意中吸引到服務成本昂貴的客戶，而對此毫不知情，接著公司被迫提高價格以支付意外高昂的成本，結果淘汰了最昂貴客戶外的所有客人；情況繼續惡化下去，價格越高，吸引到越糟糕的客人，只好再次漲價，直到市場完全崩潰。這個厲害的洞見讓阿克洛夫在二〇〇一年贏得諾貝爾獎，並開啟資訊經濟學這個領域，也就是本書的基礎。[2]

## 「私有訊息」問題影響著每一種市場

阿克洛夫的想法能得到如此共鳴，其中一個理由是有選擇問題的市場並不罕見，任何客戶不平等的市場都有這個問題。它們無所不在。當你想申請貸款、在吃到飽的餐廳用餐，或是決定要不要接受一份工作，甚至一場求婚，都是在參與選擇市場。銀行的利潤取決於誰使用信用卡，或誰申請貸款；而餐廳的利潤來自客戶的暴飲暴食程度。

雇主的產出取決於他雇用了什麼樣的員工，你婚姻的未來當然取決於你嫁娶的對象。銀行、餐廳、雇主，甚至下跪求婚的男士都必須擔心他們對潛在「客戶」還不了解的事情。信用卡申請人是否剛失業，決定放任債台高築，然後宣告破產？那個瘦弱的青少年是否會吃下等同他體重的壽司？這個員工是不是偽造履歷的騙子？當你們都說了「我願意」後，你的結婚對象到底是什麼樣的人？

或許最重要的是，選擇問題幾乎影響每個保險市場。有時候，選擇問題導致保險公司嚴重限縮它們的產品，像是牙齒保險只包含可預測的例行性洗牙和補牙，但若是牙醫師突然推薦昂貴的植牙時，是不給付的。有時候，選擇問題會推高費用，讓保費比你想像的還要多，十二歲鬥牛犬的寵物保險一年保費可能要四千三百美元，但最多只會給付五千美元。[3] 有時候，就像AAirpass，它會導致市場完全消失，如果你曾經試圖尋找一種保險，能給付因非和平離婚或失業帶來的損失，就會非常了解。

保險市場承受著與AAirpass、吃到飽餐廳及信用卡申辦一樣的問題，有較昂貴和較不昂貴的客戶，但真正購買的通常都是較昂貴的客戶。事實上，在美國航空被占便宜的同時，選擇問題破壞了一個更重要的市場，對受這市場影響的人而言可能生死攸關。

## 保險市場之死

在一九八〇年代的某個時刻，洛杉磯西好萊塢的健康年輕男性突然變得很難買到健康保險。更讓人意外的是，住在東好萊塢的年輕男性卻能輕而易舉地購買保險。事實上，當時有個保險公司願意販賣保險給洛杉磯郡的每個地方，唯獨一個地方例外，它於位西好萊塢邊界上。這似乎令人困惑，這裡有條大線索：除了西好萊塢，一九八〇年代的健康保險公司經常避免向某些企業的人賣保險，包括花店、室內設計公司和美髮店。[4]

西好萊塢、美髮店、花店和室內設計公司的共同點是同志比例相對較高，而當時是一九八〇年代初期，愛滋病肆虐同志圈，即使對健康的年輕男同志提供保險，潛在成本也很高。如果他生病了，他的保險公司每年可能要支付數十萬美元的醫療費用。[5]

就算西好萊塢的某些居民最終會面臨天價醫療費用，但這不應該破壞他們獲得健康保險的機會，畢竟，保險的意義就在於面臨不幸時提供一定的保障。那些不幸罹患愛滋、糖尿病或其他治療費昂貴的疾病的人，至少能夠負擔治療費用。健康的人支付保費，讓保險公司能支付患者的醫療帳單。命運的特性在於客戶之間會平均分配，有些人倒楣、有些人不會，這樣能為一部分人提供對抗災難性支出的保障，也有一部分人能提供保險公司足夠的利潤，讓生意變得有價值。

然而，愛滋病和糖尿病有明顯不同。體檢可能會提供血壓指數和體重等資訊，指出糖尿病的風險增加，然後要你填寫家族病史的表格。因此，保險公司可以根據客戶的病史，合理猜測他們罹患糖尿病的機率，或許對醫療費用可能較高的人，收取更高的保費。（保險公司是否能這麼做，這是個更複雜的問題，留待後文討論。）

然而，在一九八〇年代的醫療紀錄上，沒有多少資訊能幫助預測愛滋的風險。愛滋病是性行為傳染的疾病，不安全性行為是主要風險因素。[6] 保險公司很難弄清楚申請者的性行為，它可以問，但申請者不一定會回答，保險公司也無法查證。

這就像AAirpass的事件重演，只不過這次市場的崩盤，導致整個群體無法獲得健康保險。只要公司無法知道服務這名客戶的代價是昂貴或便宜，無論產品是橫跨大西洋航班的平躺座位，還是救命的醫療，都可能破壞市場。

就經濟而言，這都是大問題，而且經常需要具有一定野心的解決方案。然而，人們對選擇問題的理解和討論較少，更多的是討論自由市場的缺陷。

## 無法自行運作的市場

經濟學的第一課是市場的榮耀。有些人擅長烘焙蛋糕，但不喜歡吃；有些人喜歡吃，但不喜歡烘焙——雙方用蛋糕和錢進行交易，在市場無形之手的引導下，設定了價格。如此一來，烘焙師受到激勵，生產出完全能滿足飢餓大眾需求的蛋糕，然後烘焙師用他們自己的錢，購買他們認為等價的東西，使供給和需求達到平衡與和諧。

第二課是市場有其限制。市場失敗的例子數不勝數，像十九世紀洛克菲勒（John D. Rockefeller）的標準石油公司（Standard Oil），或今日蘋果對高階智慧型手機的壟斷現象，都是利用了它們在市場的主導地位來設定高昂的價格。銀行擠兌會創造恐慌，導致經濟陷入衰退，甚至蕭條；礦產公司將有毒汙泥排放到河流裡，毒害野生動物，也汙染了鄰近社區的飲用水。市場經濟可能在收入及財富上創造極端的不平等。

第三課說明眾所周知的政府解決方案：反壟斷監管、存款保險、限制（或定價）汙染、經濟衰退時的刺激支出，以及再分配稅收等。政府既讓市場繼續發揮它們的魔力，同時試圖限制威脅經濟的風險行為，預防優勢企業或內部人員擅加利用，也確保不那麼幸運的人不會流落街頭挨餓。

這些都是常規作法，即使大多數左翼進步派也認識到市場促進了繁榮——他們只是想在某些方面加強監管。相反地，大多數自由市場倡導者也明白，不能完全放任市場自行解決所有問題，幾乎沒有人要求國防或地方治安全由供需力量來管理。

本書討論的就是另一種形式的市場缺陷與政府干預，那就是選擇市場。在選擇市場裡，有些客戶的銷售成本比其他人高，如我們所見，當昂貴客戶有自知之明，但賣家卻不知道時，就會發生選擇問題。和其他市場問題一樣，政府在此也傾向採取中間立場——讓市場繼續運作，但監管單位也從中指導。

我們關注的保險市場是選擇市場的典型範例，也是經濟和公共政策中特別重要的例子。保險公司自然在乎它們的客戶是誰——比起謹慎行事的客戶，一個容易發生意外的司機或屋主的保險成本較高。保險客戶通常知道他們自己和保險成本有關的情況，而保險公司可能不知道這些特質，也無法輕易取得資訊——例如客戶開車時分心的頻率，或是他們煮菜時是否經常把鍋子放在瓦斯爐上卻不管。

私有訊息可能會對自由的保險市場運作造成危害。當這種情況發生時，就會引起和其他市場限制（包括壟斷權力、企業汙染、銀行擠兌與不平等環境）相同的迫切問題。政府應該在何時介入？應該介入多深？政府是否應該規範保險公司銷售的對象和價格？政府是否應該自己提供保險服務？

經濟學家對選擇市場私有訊息的關注已經超過半個世紀。艾咪和利倫的職業生涯中，一直對這項議題進行研究和寫作（他們急忙補充，他們的職業生涯還不到半個世紀）。我們的行業已經在理解私有訊息如何影響保險市場，以及政府如何試圖解決這些問題（包括有用和無用），並取得了長足的進展。

但我們做的還不足以讓訊息傳揚出去。我們聆聽二〇一二年高等法院就政府強制美國人購買健康保險是否合憲進行口頭辯論時，這件事變得非常清楚。我們聽到保守派的最高法院法官安東寧・史卡利亞（Antonin Scalia）提問，如果過度保護的政府可以逼迫人民購買健康保險，是否也能強迫人們購買花椰菜？[7]

如果最高法院法官們不清楚健康保險和花椰菜間的公共政策差異性，那麼我們確信大眾一定也不明白。在那一刻，我們知道自己必須寫這本書。在思考政府是否應該強制所有人購買健康保險（或汽車險、房屋險），或是該讓企業、客戶和市場價格共同決定時，選擇市場的經濟學是非常重要的。但是，它對花椰菜市場而言並不重要。

## 有或沒有保險的世界

在開始前，我們需要讓你準備好接受一本關於保險市場的長篇著作（如果你還沒準備好）。這個市場充滿了死亡、金錢和詐欺，但它們其實比你想像得更加有趣（如果你對有趣的門檻很低），而且對你的日常生活和整個社會都非常重要。

試著想像一個沒有保險的世界。正如哈佛大學（Harvard University）的研究生荷莉・伍德（Holly Wood，是的，那是她的真名）在新聞評論網站Vox所寫，在那個世界裡，「沒有緊急情況的每一天都該覺得慶幸。」[8] 伍德的文章中討論她是由擔任服務生的單親媽媽撫養長大，沒有財力購買健康保險，但她的洞察力也生動地說明了沒有保險的生活會是什麼樣子。

沒有保險，對於那些靠薪水勉強維持生活，必須在購買食品或保險之間抉擇的人而言，「不只是」個問題。沒有保險的話，萬一發生什麼不幸——無論是生病、意外或財產損失，都可能使我們陷入財務困難，主要經濟支柱的死亡會讓家庭陷入貧困，房屋失火會讓人無家可歸、沒有重建的資源。在災難來臨前，我們有時幾乎看不見風險存在，但健康保險、人壽保險、汽車保險、房屋保險等，都能幫助我們避免損失。

在許多情況下，你不必「想像」沒有保險的世界。保險經常無法發揮作用，無論什麼價格，它無法涵蓋理賠範圍的理由就是選擇問題。這正是一九八〇年代西好萊塢男性所面臨的困境。接下來我們將描述幾種形式的保險，如果它們存在的話，將使人們的生活更加穩定、可預測，而且更加幸福。例如，不存在的離婚保險，也不存在提供給中風患者的人壽保險，如果你想要找到包含高價手術的牙科保險，你也幾乎一定會失望。

在其他情況下，選擇問題不完全會破壞保險市場，但它也不會讓市場變得更強大。相反地，選擇問題可能使保險公司設計出扭曲變形的產品，包括了各種不受歡迎的特點——例如要等待一段時間才能使用道路救援，看似不公平地限制保險給付範圍，或是嚴格限制你何時可以或不可以更改保單內容。保費也可能上漲到許多人無法負擔的程度。（經濟學家的說法是：「選擇問題能幫助你理解為何保險這麼貴。」）

或許你認為，如果人們選擇不買高價保險，也沒什麼大不了的。我們經常選擇不購買昂貴的物品，我們都沒有保時捷跑車，它們太貴了，但那不代表市場失敗了，而是代表福斯汽車打造保時捷的成本太高了。最終決定的「市場出清」（market clearing）價格足以讓其他客戶願意花錢買車，但我們不願意：比起我們必須支付的金額，從駕駛酷炫跑車中獲得的價值比較少（事實上，少得太多了）。（這也表示我們還沒遇到中年危機。）

保時捷的同樣邏輯可能讓你認為，因高價格而不願購買保險的客戶，是最不重視保險的人。也就是說，保險所提供的緩衝和隨之而來的安心感，對那些可能會燒了自己房子、撞壞自己車子、以薯條為主食，或是週末都跑去潛水的人而言更加重要。而較謹慎且重視健康的人則不太可能需要救援，所以他們不購買高價保險又有什麼關係呢？

這不是正確的保險思維方式。因為保險的角色是在命運變幻莫測時充當緩衝，無論低風險或高風險的人，當意外來臨時，都可能帶來災難性影響。即使最健康、最謹慎的人，也可能因基因發生隨機且不可控的變化後，面臨醫院的天價費用，或是因為上帝的隨機行為而收到五位數的房屋修繕帳單。如果災難永遠沒有發生呢？我們讓《紐約時報》（*The New York Times*）消費者產品評論網站 Wirecutter 回答這個問題。Wirecutter 網站上評論的產品範圍廣泛，包括床單、吸塵器、咖啡機等，它在寵物保險指南中總結：「（即使）你從未提出理賠，你的保險也沒有浪費——它們是可預測的成本，讓你的寵物能在你腳邊安睡的成本。」[9]

## 「用不到」保險的人，能從保險中獲益嗎？

換句話說，保險的價值不只在於發生不幸後你獲得的賠償，而是它在任何事情發生前帶來的心理安慰。如果保險運作正常，多數要保人會年復一年地繳交保費。這看似沒有任何回報，也可能帶來某種錯覺：貪婪的保險公司犧牲客戶的利益，不停地賺錢。我們認為，這種誤解可能導致支付保費的民眾支持耶魯大學歷史學家提摩希．史奈德（Timothy Snyder）的觀點，他譴責醫療保險公司「只會從疾病中收取費用，就像在橋上收取過路費的巨魔（trolls）一樣」。[10] 但正像Wirecutter解釋的那樣，即便沒有支付賠償，保險仍有其價值，所以即使安全駕駛和健康的人，也能受益於汽車和人身保險。

為了更具體了解這一點，我們來舉個例子。假設有兩個汽車駕駛：一位魯莽的青少年，在接下來的一年中有一〇%的機率發生車禍；另一位是謹慎的中年婦女，只有一%的機率發生意外。當然，青少年（或他的父母）使用汽車保險的機率要大得多。但即使是安全駕駛的婦女也希望有些保障，能應對一%的事故機會，和可能因此產生的法律、醫療和損失的費用。她可能寧願每年支付一點保費，來保護自己免於不測，而不是期待自己不是那個不幸的一%。

這就是為何魯莽的青少年和謹慎的婦女都能從保險中獲益。在這兩種情況下，保險為他們將風險和不確定性轉移到保險公司。魯莽的男孩發生意外的機率比中年婦女高十倍，所以他（或是他倒楣的父母）應該支付十倍的汽車保險費用。但對婦女或男孩而言，保險都是無價的，保險讓他們無需擔心財務災難，讓他們可以支付小額（相對於意外的財務支出），換取別人承擔意外費用的不確定性。而那個別人，指的就是保險公司。這對保險公司或保險人來說，應該都是好事：投保人受益，是因為多數人都不喜歡承擔風險。*

因此，他們可能甚至願意支付比他們期望的保費更多的錢。為了減少生活的不確定性，為了享有安心的感覺，知道他們在事故發生時，不必承擔更大的費用，他們願意支付一點費用。當然，每個人願意支付的保險費用有限——安心感是有價值的，不是無價的——但通常比你預期的保險費用更多。

保險公司也很樂意提供服務。雖然每個客戶都是保險公司的風險來源，但以數百萬名要保人來看，好壞運往往各占一半。而客戶願意為自己的安心額外付出的費用，足以支付提供保險所需的其他費用，例如制定定價模式的精算師、公司宣傳產品的電視廣告等，並且仍然有可觀的盈餘。

如果保險公司了解客戶本身才知道的訊息，那麼某些駕駛比其他人更容易發生事故就不是個問題。如果保險公司知道年輕男孩駕駛的風險比中年婦女高（誰不是呢？），就能相應地為每個人設定價格。但若是客戶擁有保險公司不知道的保險費用相關資訊時，就會產生問題，本書中也會討論這一點。例如，艾咪的汽車保險公司一開始不知道被保險人是中年婦女中最差的司機（它們很快就知道了）。當客戶擁有關於保險費用的私有訊息時，保險公司在銷售時可能會過度高估保費，也就是說，所有客戶的保險費用似乎都高於平均（或至少高於預期），這可能導致所有人的保險市場混亂，無論風險高低。如果你想知道為何某些保險產品無法用愛或金錢購買，例如離婚保險，還有為何其他保險「貴得要命」，你需要了解選擇市場。

＊ 你或許認為人們其實「喜歡」風險，因為他們花了大錢飛到賭城，將錢投入吃角子老虎機、上賭桌或買樂透，只為億分之一能成為百萬富翁的機會。這的確是人們自願花錢承擔財務風險的例子，但相對於我們日常生活的情況，這種例子或許不常發生。週末和朋友到拉斯維加斯賭博很有趣（聽說如此），玩撲克牌可比花錢修理汽車凹痕有趣多了。樂透讓人有機會想像如果中獎了，自己可以開著保時捷、買奢侈品，即使時間很短暫。然而，在大多數情況下，人們偏好迴避風險。

當然，儘管存在私有訊息問題，許多保險公司仍然能存活並繁榮發展。公司及客戶都能從企業承擔風險中獲益的事實，解釋了即使存在這些選擇問題，今日保險業仍能蓬勃發展的原因。

## 企業和政府的緊密關係

保險在經濟中扮演極為重要的角色。健康照護占美國整體經濟近五分之一，而健康保險是最具爭議的政策辯論核心。即使完全忽略健康照護，保險仍是巨大的產業，占據經濟總量中的六％。[11] 保險幾乎涉及生活中每個方面：火災、洪水、地震、汽車意外、死亡、醫療疏失和寵物醫療等許多保險，可以用它們來預防大大小小的災害。這還只是可購買保險的部分名單，也只是私人市場提供的保險。

現代政府的主要工作之一，是為民眾提供並支付保險，例如，失業保險和失能保險等公共計畫。最大的聯邦計畫：社會保險，即是一種由政府提供的保險，它保證你年老時能有穩定的收入，不管你活得多久（第三章會更詳細介紹這類型保險）。社會保險占聯邦支出近四分之一，政府為老年人及貧困人士提供健康保險的支出也占了另外四分之一。財政部官員彼德．費雪（Peter Fisher）在檢討保險在聯邦預算中的重要地位後，他建議：「把聯邦政府當成巨大的保險公司，還經營著國防的副業。」[12]政府對保險的參與遠不僅限於提供部分保險。政府還對許多私人保險進行嚴格監管，例如人壽保險、汽車保險、健康保險、房屋保險、洪水保險等等。它的規則可以決定哪些保險能賣、價格能設定多高，以及價格在不同客戶間能有多大的變化。

考慮到這些政策活動，保險業長久以來一直是華盛頓特區和各州首府中最大的利益集團之一，就不令人意外了。保險公司在政治相關活動的活躍程度，甚至讓我們三個作者都覺得驚訝。根據OpenSecrets（致力於追蹤政治關說和獻金的非營利團體）的數據指出，保險公司在政治活動中捐款給聯邦候選人的支出，遠超過其他產業，這真的很驚人。相比之下，保險公司的政治獻金是國防公司的兩倍，後者還得仰賴五角大廈的合約才能生存。保險公司在政府關說的支出上也排名第二，僅次於藥廠和健康產品製造商。[13]如果你想了解政府強制民眾購買某種保險產品有什麼意義，或是為什麼要嚴格規範某些私人保險市場，還有K街*

* 華盛頓特區的一條主要幹道，許多倡議團體、智庫等都位在此處。

上的遊說集團希望加入什麼規則和法條，你都需要了解選擇問題的本質。

## 透視保險市場的運作祕密

在開始深入討論之前，我們需要進行重要的自我檢查。選擇市場的理論是個好理論，它的開創者因此獲利高達數百萬美元，但它或許只是一個理論。我們講述了一些特定利基市場中（例如一九八〇年代西好萊塢的健康保險，和美國航空失敗的商務旅客計畫），某些選擇問題造成麻煩的有趣故事；這些故事雖然有趣，但或許只是特例，不是世界運作的普遍原則。畢竟，看看你的檔案櫃或上網查查，會發現許多保險公司銷售各種不同的保險方案，你可能已經購買了其中幾個，然後把相關的文件存塞在某個地方。如果像我們之前提的，保險業占據美國經濟相當大的部分，那麼選擇問題又為何變得如此重要呢？

除了直接觀察保險市場是否能應對選擇問題外，我們有充分的理由懷疑選擇問題在所謂的現實世界中究竟有多重要。只有在潛在客戶比保險公司更清楚自己可能的風險時，選擇才是一個問題。在許多情況下，有人認為恰恰相反。當然，你可以向保險公司隱瞞一點骯髒的小祕密（如果它們不問，你也不必說），但公司有巨大的財務動機，想基於從你身上獲取的訊息，預測你的保險成本有多少。有了它們的精算師，還有過去客戶特徵及後續索賠的大量資料，保險公司似乎應該比任何一個客戶，更擅長預測他們的成本。客戶本身怎麼可能會比它們知道得更多呢？

在本書第一部的其餘章節，我們將告訴你選擇問題是真實且普遍存在的，我們將展示選擇如何體現在真實世界的保險市場中，甚至是在保險公司占上風（而非客戶）的情況下。我們將描述那些因選擇問題而消失的市場，與因選擇問題使價格飆向天際的市場；我們也將討論，儘管保險公司擁有先前所述的大量資料和精算師，這種情況仍可能發生的原因。為了實現這個目標，我們將帶你進行一場風暴般的旅程，從婚姻破裂到強大的哈佛大學都屈服於選擇問題；再到市場混亂；甚至是數千年前導致君主制崩潰的案例。

最後，希望你能學到一些有用的東西，在未來考慮為自己的人生購買保險時能派上用場。你將了解為何即使是優秀的駕駛員、幸福的夫妻和健康的年輕人，都應該購買汽車、離婚和健康保險——但也將了解為什麼他們可能不幸買不到這些保險。你還會知道為什麼應該在被保險公司列為「黑名單」前購買保險，而不是等汽車拋錨了才去買道路救援保險。或許你學到的知識將促使你下次購買保險時先反省一番，這個保險方案對你來說是不是筆「好交易」。例如，如果你想購買寵物保險，你需要考慮是否願意竭盡所能讓來福多活一天，或是願意相信牠已經過了快樂且充實的一生，讓牠快速且平靜地結束生命。（如果你是前者，盡早購買寵物保險；如果是後者，就可能不必費心——你的保費只會幫助為寵物「竭盡所能」的客戶支付醫療費用。）

在第一部，我們已經討論保險市場中的選擇是普遍存在的現實問題，第二部我們將深入探討保險公司試圖解決這個問題的一些方式，以及由此產生的問題。我們將從保險公司最明顯的反應開始：蒐集更多訊息。如果你曾經填寫過人壽保險或汽車保險的申請表，你或許知道我們在說什麼。例如，汽車保險公司通常蒐集各種訊息，有些似乎跟你的意外風險有關（例如你的駕駛歷史），有些似乎無關（像是你的在校成績或信用等級，這就是要你同意接受信用調查的原因）。我們將說明，對保險公司來說，這些策略並不能完全解決問題——它們無法挖掘出你所有祕密。更糟的是，從社會的角度來看，它們所蒐集的訊息可能會讓保險市場運作得更差：例如，一個有遺傳病史、未來可能生病的人，或許無法購買保險支付未來的醫療費用，而這正是保險應該提供的保障。

接著，我們會介紹保險公司如何運用某些微妙的策略，讓客戶揭露真實的自己。我們的討論將幫助你理解你曾簽署過的保險合約中，那些令人困惑且常常令人惱怒的條約——為什麼感覺保險公司似乎在尋找每個機會，透過排除條款、等待期和其他隱藏在細節中的保障限制，來欺騙它們的客戶。

我們也將解釋為什麼你的雇主只允許你在秋季更改健康保險計畫，以及為什麼有些健康保險計畫會對健身房會員提供保費折扣（不，這不是因為運動可能讓你保持健康）。正如我們將看到的那樣，這些策略可以幫助保險公司解決選擇問題，但這些「解決方案」也有自己的問題。藉由了解為什麼保險業是現在這個模樣，即使你無法得到更便宜、更好的保障，也能平心靜氣地看待它。

或許在別人看來只有問題，你卻看到了可能性，在高保費和看似微薄的理賠下，你能想像保險業正處於被顛覆的時刻。如果是這樣，我們希望本書的這一部分至少能讓你停下來（或許會給你一些想法），在撰寫商業計畫時，要考慮如何讓「正確」的客戶簽名，阻止「錯誤」的客戶加入。這樣，你就不會像美國航空的柯蘭多，或我們將在第二章討論的不幸企業家一樣，他們嘗試銷售失業保險或離婚保險卻徒勞無功。

由於民營企業無法完全獨立解決選擇問題，因此在第三部中，我們將探討政府是否可以（或已經）提供幫助。本書的最後一部將解釋，為什麼選擇問題經常需要政府的回應——例如，為何保險和花椰菜不同——以及可以用來「修復」保險市場的政策選項。我們也將討論政府可以使用的各種工具，包括強制保障、對未購買保險者課以罰款，或補貼購買保險、禁止公司提供的某些保險種類，以及限制它們在設定價格時的自由度。

我們將協助你了解政策制定者面臨的一些權衡。如果政府決定強制實施保險，是否應強迫每個人購買全面的保險計畫，或是設定最低限度的要求？或是透過補貼來鼓勵他們加入保險？如果拯救市場的最佳方式，是補貼最不易受傷害的客戶呢？有時候，好的經濟學可能會導致政治上的困境，政策制定者也需要決定保險公司可以在多大程度上插手別人的事務——政府應不應該防止保險公司詢問潛在客戶的信用等級，或要求提供基因檢查結果，還是應該讓市場決定可以蒐集多少資訊？限制保險公司在設定價格時可使用的資訊，可能從公平或隱私的角度來看是可取的，但它也可能會使一些保險產品退出市場，甚至導致整個市場崩潰。在思考這些權衡時，理解選擇市場非常關鍵，因為隨著大數據（以及因此可使用的資訊）日漸成為生活中的主導力量，這些權衡只會更加重要。

在結語中，我們為那些對選擇市場還不太了解的讀者提供簡短的範例，介紹選擇市場可以（或不可以）在保險業外運作，例如信用卡優惠和工作前景等。

我們並不是要提供保險業或其他選擇市場問題的快速解決之道或簡單方法，相反地，我們將解釋為什麼正確地思考選擇問題，就能理解社會對其他市場缺陷的反應。企業和市場通常能提供保險給那些需要它的人（而不是不需要它的人），同時，為了避免市場崩潰，它們也會修補各種選擇問題。但它們的反應顯然是不完整的，這就是為什麼市場需要政府引導前進，就像標準石油、銀行和收入分配一樣。

## 第二章
# 深入未知市場——失業保險、離婚保險與壽險的世界

在百老匯經典音樂劇《紅男綠女》（*Guys and Dolls*）中，騙子奈森．底特律〔Nathan Detroit，電影版由法蘭克．辛納屈（Frank Sinatra）飾演〕向老手賭徒史凱．馬斯特森（Sky Masterson）打賭一千元，猜測他們常去的明蒂餐廳前一天賣的起士蛋糕比較多，還是薄餡餅比較多。史凱之所以能靠職業賭博營生，而且過得不錯，正是因為他喜歡打賭，但不會盲目地打賭，他知道什麼時候該玩，什麼時候該走開。而在這次的情況中，他拒絕了奈森的提議，用以下的故事解釋他的決定：

當我還是一個年輕人，準備闖蕩世界的時候，父親告訴我一件珍貴的事。「兒子，在你旅行的某一天，有個人會給你看一副全新未拆封的牌，然後這個人會跟你打賭，他可

以讓黑桃J從這疊全新的紙牌中跳出來。但兒子，別接受這個賭約，因為你接受了就一定會被騙。」

當然，史凱明智地回絕了奈森的賭約。結果早就設計好了，奈森知道史凱偏愛明蒂的起士蛋糕，因此會選擇下注那邊，他認為全世界都和他有同樣的喜好。但在提出賭約之前，奈森也已經和明蒂確認過，他知道昨天的總數是一千兩百個起士蛋糕，對上一千五百個薄餡餅。

史凱父親的想法領先時代。在經濟學家花費數十年讓這個概念成形，並贏得諾貝爾獎的幾十年前，這位老人已經洞察到私有訊息的危險。無論是透過學術研究或薄餡餅，教訓都是相同的：如果有人正在銷售某樣東西——尤其是它看來好得不真實——它或許就是真的太好而不可能存在。你最好想想，如果有什麼他們知道、而你這個毫無戒心的買家不知道的事，那這件事可能會意味著什麼。這是個永不過時的教誨，值得不斷重申，以迴避那些誘惑，不去回應像是查爾斯·龐氏（Charles Ponzis）和伯納·馬多夫（Bernie Madoffs）口中，那些過於美好而不可能存在的商業建議。

這也再次提醒我們私有訊息，和因此導致的選擇問題是無所不在的。到處都能看到，甚至在百老匯中也出現了。在《紅男綠女》中，奈森是「賣家」，向潛在「買家」史凱提出賭注。但資訊優勢可以在交易的任一方，買家資訊也能讓「賣者當心」，告誡賣家不要為那些願意出高價的過度優良買家提供服務。回到第一章的例子，到底誰願意花最多的錢吃到飽？是高中足球隊員和正在發育的青少年。你可以打賭，即使只有超大號的高中男生來消費，吃到飽的餐點定價也高到足以獲利（不過，你從剛剛的故事中學到了，如果我們提出這個賭約，你最好還是拒絕）。

選擇問題不一定總是導致市場崩潰。正如我們已經觀察到的，只要看看現實世界，就能看出選擇問題對市場生存的影響。史凱不接受奈森提出的賭注——明蒂點心銷售的賭博市場無法克服私有訊息的問題，但吃到飽的餐廳仍然存在，許多一方資訊比另一方更多的市場也仍然存在。有時候私有訊息可能會消滅市場，但有時，它只會導致市場部分瓦解，而不會一路毀滅到底（英國保險業可能會這麼說）。相反地，選擇問題「只會」讓市場變小，而且變貴。

希望我們已經透過幾個可歸咎於選擇問題的市場崩潰範例，引起你的興趣。本章將探討保險市場中非常普遍的選擇問題，藉此強調它不是十年一遇的現象，它無處不在。甚至在你以為保險公司能輕鬆判斷客戶能夠帶來獲利時，也能看到選擇問題。有時，就像AAirpass和西好萊塢的健康保險一樣（還有接下來會介紹的其他案例），選擇問題會完全摧毀市場。在其他情況下，我們會看到市場存活下來了，但保險公司提供的方案會非常昂貴（例如寵物保險），或是非常糟糕（像是牙齒保險）。在本章的後半部分，我們對選擇問題導致市場功能失調和消失的責任，不再停留於暗示或斷言。我們會援引研究，更堅定地指出選擇問題導致市場崩潰（它真的使強大的哈佛大學屈服了），或是只能提供有限的產品。甚至在其中一個案例中，能清楚看到客戶知道保險公司無法理解的事。

## 失業保險到底可不可行？

到目前為止，我們只提供一個選擇問題導致保險市場完全崩潰的例子：在愛滋病疫情爆發初期，各種極不尋常的情況同時發生，導致西好萊塢居民無法獲得健康保險。我們可以看到選擇問題殺死了市場，因為在愛滋病爆發前，這個市場是存在的，然後就消失了。

當然還有更多例子，不過通常很難看到，真的。如果私有訊息會殺死市場，那這個市場可能從一開始就不存在。或許因為它們在經濟中看似存在卻被人忽略，許多保險產品的缺乏相對不引人注意，儘管它們可能會改善人們的生活。這也可能解釋了為什麼選擇問題儘管有其經濟重要性，卻不如其他被廣泛討論的自由市場缺陷那般得到理解。為了真正了解選擇問題對市場的破壞性，我們需要一些方法，以便找到市場中未被察覺的問題。

在此提供一種方法：嘗試想一些你覺得應該存在、但實際上不存在的保險產品。如果它真的存在，很有可能會像奈森提供給史凱的那種會賠錢的產品。

我們自己嘗試這個方法時，第一個跑進我們經濟學腦袋的是私人失業保險。每個月有上百萬名美國人失業，政府雖然提供一些協助，但政府提供的失業補助和原本薪資通常還是有非常大的差距，私人市場可以填補這個差距。

顯然我們不是唯一這樣想的人，我們可以看到創業家留下的痕跡，他們也想：「為什麼沒有提供保障裁員的保險？」然後他們很快以痛苦的方式找到了解答。

以安全網（SafetyNet）為例，它是一家已經倒閉的失業險提供商，它的保單最高支付九千美元，幫助客戶在找工作時能有經濟保障。安全網的保單持有人羅傑．卡明（Roger Kamin）在接受地方新聞台採訪時說：「我要確保自己有備案。」[1] 卡明以為自己的工作很安全，但幾年前上一家雇主毫無預警地解雇了他，那時他已經穩定工作了十一年。安全網的保險是卡明的生命線，如果他失去目前的工作，這份保險可以彌補他每月支出和政府小額支票之間的差距。

安全網的創辦人顯然也注意到選擇問題的危險，員工可能會等到知道自己快被炒了，才決定購買失業保險。所以這份保單有個等待期——如果你在簽約後六個月內被裁員，你只能拿回自己的保費。另外兩家失業保險公司 IncomeAssure 和 Paycheck Guardian 也有相似的產品，但也不復存在了。它們認為，六個月的等待期已經夠久，員工無法在六個月前就注意到雇主不再支付供應商費用，無法發現自己的職位在企業策略計畫中被歸為冗員，或看到其他即將失去工作的跡象。正如史特靈風險公司（SterlingRisk）的執行長大衛．史特靈（David Sterling）在二〇一六年向《紐約時報》的朗恩．利伯爾（Ron Lieber）所解釋的：「任何知道自己在六個月後即將被裁員的人，我很樂意向他們出售保險，並且跟著他們一起買些樂透或股票。」[2]

或許史特靈先生應該讀一下利伯爾在二〇〇九年所寫有關失業保險業的評論，他會看到波士頓的傑克遜說：「我在被裁員的六個月前就四處尋找這種保險，因為我在這家公司已經工作了八年，我能感覺到公司情況不太妙了。」或是在史特靈接受《紐約時報》訪問的同一時間，Reddit的用戶發了一則貼文，詢問是否有人有和IncomeAssure往來的經驗，因為這個名為Relaxed_Meat的用戶非常非常想買這家公司的保險，而他的公司正要將業務轉移到其他區域。他說：「沒有正式通知，但我有百分之九十九的把握，我們在一年內會受到影響。」他本來不相信會有失業險這種東西存在，鑑於他的情況，「這似乎美好到不可能存在。」兩年後，史特靈風險公司結束了失業險的服務，它真的美好到無法存在了。[3]

## 用保險保不住的愛情

為了找出更多已消失保險市場的例子，我們在推特上進行了一個（非科學性）民意調查，詢問其他經濟學家：「你想買但買不到的保險是什麼？」答案總共有數十條，我們不會一一列舉所有回答，其中有些答案很嚴肅（房市崩盤保險）、有些不太認真（第一次約會保險），還有一些可愛且和自身有關的想法（終身聘用保障險）。在我們看來，最佳回答是離婚險（當然，提名這個答案的人都不忘強調：「不是我要買。」）。

如果有離婚保險存在，為什麼會有幫助呢？因為無論一對夫妻在婚禮當天有多麼幸福，人和環境都會變，有些婚姻會持續，有些則會以爭吵告終。當一段婚姻在唇槍舌戰（也可能好聚好散）的情況下結束時，離婚可能非常非常昂貴。雖然法律上解除婚姻的基本花費很低（在美國大部分地區最多只要幾百美元），一旦有律師介入（不幸的是這種事經常發生），平均花費就會上升至一萬五千美元。[4]

雖然思考這問題讓人不舒服，更不用說和配偶討論了，但若是無法從此過著幸福快樂的日子，有個保險能支付極高的費用會很有幫助。這樣一來，離異帶來的情感負擔，才不會因潛在的五位數律師費而倍增。

正是這種提供婚姻安全感的想法，促使約翰．洛根（John Logan）在二〇一〇年創立 SafeGuard Guaranty，這家保險公司專攻離婚保險。從過去到現在，這種保險的潛在市場都很巨大，美國一年有兩百萬對新人結婚[5]，即使只有二十分之一的人決定利用離婚保險（我們認為會比這高得多），那麼每年也有超過十萬名客戶。如果洛根能成功，他可能會賺大錢。

但他沒有成功，選擇問題再次成為致命的弱點。選擇問題非常明顯：很可能只有處於不穩定或不被看好的夫妻才會申請這種保險，因此破壞了本來認為夫妻在婚姻突然瓦解時，能分擔一部分經濟風險的模式。

洛根並不天真，他採用了和失業險公司類似的策略：他的保險設有四十八個月的等待期——如果一對夫妻在購買保險後四年內離異，將無法獲得支付離婚費用的賠償金。等待期背後的想法是，希望避免那些在婚禮之夜就吵架的潛在客戶（或者更糟糕的情況是，為了獲得保險金而假結婚的夫妻），我們在第四章也將討論到，等待期是保險公司在面對選擇問題時的常見技巧。在許多情況下，等待期的確有助於市場生存，然而，離婚或裁員保險市場並非如此。

洛根聲稱他已經計算且確認過所有數字，但SafeGuard的旗艦產品WedLock的壽命很短，推出不到兩年就下架了，甚至根本來不及支付任何一筆賠償。[6]

我們檢視了WedLock提供的某些產品，很容易就能找出原因——價格高得離譜。舉一張保單為例，一對夫妻每年要支付超過一千九百美元的保費，四年後若是離婚，保險金額最多能提供一萬兩千五百美元的賠償金（四年是客戶可以申請理賠的最早時間）。只要婚姻延續，這份保單的最高給付額每年會增加兩千五百美元（雖然他們一年只要付一千九百美元就可以續保）。假設一對夫妻在支付十年的保費後離婚，他們會拿到兩萬七千五美百元，即使相對昂貴的離婚律師費也足以支付；但他們也付了十年的保費，總計高達一萬九千美元左右。

由於賠償金額相對較低，《紐約時報》一篇關於WedLock的報導中建議，夫妻把原本可能花在離婚險上的錢拿去儲蓄會更划算[7]，如果真的離婚，儲蓄金額只會比拿來償付律師費用的保險金少一點。但好處是，如果這對夫妻保持婚姻關係，他們可以留著自己的錢，還能賺一點利息。換句話說，依WedLock的價格，除非這對夫妻在婚禮當天就幾乎確定他們不會白頭偕老，這張保單才值得投資。或許對伊麗莎白．泰勒（Elizabeth Taylor，七次婚姻都以離婚收場）或她的不幸配偶而言都值得投資，但對其他人來說真的不划算。

為什麼洛根將價格設得這麼高呢？大概是因為他計算數字後，充分了解自己將吸引最有可能離婚的顧客來購買保險，如果價格降低，這數字就無法「過關」了

## 每個月花兩萬的臘腸狗？極度昂貴的寵物保險

在WedLock的案例中，價格過高導致產品無法生存。在其他情況下，選擇問題可能導致極高的價格，但並不會使市場完全消失。在我們的推特調查中，已消失保險產品第二名是寵物險，存在僅僅幾年，現在幾乎完全消失，因為人們認為市場將因私有訊息而崩潰。

然而，最近的情況有所改變。現在的寵物主人可以購買健康保險，但價格極高，而且不適用所有寵物。（專業提示：如果你選擇為寵物買保險，最好仔細檢查排除條款，裡面可能包括一些非常常見的疾病。）

正如業內流言所說，寵物險是由獸醫傑克・史蒂芬（Jack Stephens）所創，他的動機是出於同情心，而非利潤。他認為寵物保險可以幫助無法支付獸醫費用，而不得不將心

愛寵物「安樂死」的家庭。[8]

史蒂芬有自己獨特的遠見，其他人都預測失敗時，他卻看到可行的商機，而今日的寵物險已成長為價值一百五十億美元的產業。但這當然不代表他有辦法解決選擇問題，這在現今的寵物保險業中仍明顯存在。儘管我們的寵物伴侶都很珍貴，但只有大約一%到二%的寵物買了保險。[9]

而這種保險非常昂貴——至少對我們來說。以一隻七歲的臘腸狗為例，在二〇二〇年，寵物計畫（Petplan）的保單每月收取近一百美元的費用，這份保單只支付寵物醫療費用的八成，每年最高給付額為一萬五千美元。喔，它也不包含例行健檢——對人類來說，這也是健康保險計畫的一部分成本。當你的愛犬進入老年階段時，選擇問題變得更加嚴峻：一隻十五歲的臘腸狗每個月保費超過六百五十美元，給付率為七〇%（對了，還有一萬五千美元的上限，例行健檢和其他細項都不給付）[10]。幾乎每年得花費將近八千美元購買一份保險，但這個計畫永遠不會給付超過一萬五千美元的費用。

我們無法確定選擇問題是否導致寵物保險成本上升（而不是保險公司想濫收費用），但看來非常可疑，尤其是因為其他寵物保險公司不像寵物計畫一樣，它們不接受超過十五歲的寵物購買保險。[11]它們可能發現，只有那些即將接受昂貴末期治療的狗，才會在老年時期購買保險（較不感性的主人會選擇「經濟安樂死」路線）。因此，為高齡犬提供保險的公司，吸引了最差的風險客戶。

我們懷疑寵物保險的選擇問題，在於保險公司難以知道哪些客戶會竭盡所能拯救他們的寵物，而哪些客戶對自己的貓、狗或倉鼠沒那麼用情至深。寵物保險公司有充分理由擔心，只有那些打算像拯救奶奶一樣，拚命拯救他們壁虎的人才會購買保險。結果就是，對不那麼感性的寵物主人而言，價格「太高」了。

利倫的妻子夏綠特（Shirit）願意毫不猶豫花光存款，拯救四歲土狗梭哥的生命（然而，利倫對家庭寵物就沒那麼重感情）。梭哥罹患一種治療昂貴的自身免疫性疾病，利倫在意識到夏綠特願意付出多少後，終於考慮購買寵物保險，但那時候，梭哥的保險範圍已經排除牠現有疾病相關的任何支出。（人類若有已存在的疾病時，也可能面臨相似的排除條款，或完全拒保，我們將在第五章討論為什麼選擇問題促使保險公司對保險範圍施加這些限制。人和寵物都有相似的情況——只是「在你購買保險前一年若有吞食異物的紀錄，則不償付吞食異物」，這一點只適用於我們的毛小孩。）[12]

離婚險市場崩潰了，寵物險存活了下來，但形式非常有限且昂貴。為什麼一個市場倖存，而另一個市場滅亡了？

正如我們已經觀察到的，答案的一部分在於一方相對於另一方的知情程度。如果新婚夫妻和保險公司對婚姻前景一無所知，那沒關係。如果雙方都能用同一個（稍有不完美的）水晶球，以合理程度的確定性判斷婚姻是否能持續下去，那也沒問題，保險費率可以根據夫妻的特定情況量身訂製。*

如果買家知道的比賣家多一點，那也沒關係。這樣相應會存在一些選擇問題——保險價格會比雙方處於（訊息）平等的基礎時高一些，但不會上升到引發保險市場崩潰的程度。交易能夠持續，因為儘管存在選擇問題，保險仍是有價值的心靈寄託。因此，就算價格較高，許多人還是會購買保險。

你可以將保險市場的倖存視為買方私有訊息和客戶價值之間的鬥爭，私有訊息會導

* 如果訊息優勢對保險公司有利，市場仍可以運作得很好。事實上，保險公司可能比夫妻本人更了解他們在十年內離婚的可能性。這在兩百年前還做不到，但在資訊時代和機器學習的發展，許多公司得以更了解客戶，更能準確預測他們是否會點擊Google搜尋廣告，或是更重要的，預測他們的婚姻是否註定天長地久。

致市場瓦解，而客戶價值可以幫助市場在因私有訊息產生選擇問題的情況下繼續運作。當私有訊息增加時，價格更容易上升，市場接近完全崩潰；另一方面，較高的客戶價值可以留住「好客戶」（成本較低的客戶），幫助市場生存下去。

在市場完全崩潰或根本無法形成的情況中——例如離婚險或老年臘腸犬的保險，買方知識的影響力如此之大，以至於任何客戶都無法使市場存活下來。

在市場可以生存的情況下，例如年輕小狗的寵物險，選擇問題仍然留下它的痕跡。它推高了價格，降低了保障的品質。正如我們所見，寵物險提供的內容比它原本可能提供的少得多，充斥著例外和排除條款，更不用說保險公司願意支付的嚴格上限。毫不意外，這些缺點完全是經過設計的結果，保險公司必須在保險單加入這些限制，讓它不那麼實用，但至少可以保持市場不崩潰。選擇問題沒有殺死保險市場，也絕對不會使它變得更強大。

## 牙科保險為什麼如此限制重重？

如果你考慮過購買牙齒險，你或許會想知道為什麼給付項目如此有限。雷也曾想過這個問題，主要因為他是可以從全面的牙科保險中受益良多的人，他的牙齒情況非常糟糕，幾十年來都無法啃蘋果。十五年前，他的牙醫建議他將下排一半的牙齒拔除後換上假牙；理論上，這能讓他又能咬蘋果、花生糖和任何他想吃的東西。雷拖得越久，能固定牙齒的牙床就越萎縮，植牙手術的複雜度和費用就會越高。（這個手術已經夠複雜和昂貴了，植牙的費用可以買一台入門款的BMW。）

在得知那個殘忍的診斷前，雷從未購買過牙齒險。然而，在這之後，他對雇主的牙科保險非常在意，事實上，是非常感興趣。他一直以為牙科保險的運作方式就像健康保險：在每年開放登記期間購買保險，下一年所有醫生建議的治療都能給付。所以他想將手術延後幾個月，先購買涵蓋醫生建議的植牙手術保險，省下來的錢或許可以買隻金錶或跑車。

但雷的小計畫有個大問題：保險公司不理賠植牙，大多數昂貴的牙科治療也不給付，這些可能是人們希望購買保險就能獲得保障的範圍。當時，雷在哥倫比亞大學（Columbia University）教書，他快速檢視學校的保單後，發現費用經常高達數千美元的植牙手術不在給付項目裡。事實上，哥倫比亞大學的牙科保險根本不能稱為「保險」：每年給付上限只有一千美元，所以任何費用昂貴的牙科治療都將由要保人自行承擔。

如果你想知道為什麼，正是因為像雷這樣的人，試圖操縱保險市場，好從中獲取比投入更多的利益。雷不太光彩（但或許可以理解）的計畫，即預期會頻繁看牙醫時加入保險，正是導致哥倫比亞大學和其他牙科保險給付項目有限的原因。如果牙科保險市場想要存活，保險公司必須設定給付上限，預防像雷這種「不良類型」客戶，在必要（但可以拖延）的手術前購買保險。

多虧了經濟學家梅莉卡．卡布瑞（Marika Cabral）的研究，我們可以清楚觀察這種牙科保險遊戲。她從曾經強盛的鋁生產商——美國鋁業公司（Alcoa，簡稱美鋁）取得所有員工的牙科資訊[13]，美鋁牙科保險對像卡布瑞這樣重視資料的健康經濟學家而言，可說是夢想一般的資料來源。所有員工都自動加入最簡單的保險，每年最高給付上限是一千美元。但想要給付範圍更全面的員工，可以選擇支付額外費用，將保障金額提高到兩千美元，保險的其他條款則保持不變。如此，卡布瑞藉由觀察在一年一度保險更換機會時進行升級的員工，評估選擇問題影響的程度。他們是否會馬上去牙醫那裡接受高成本的治療？答案是肯定的，在升級後一個月，轉換至高上限保險的員工，平均牙科總支出提高六〇％，且持續升高半年之久。

員工高額治療的種類和時間也很有意義。那些在年底前，接近或超過年度給付上限的人，在一月的理賠金額也將近翻倍，因為保障和新的年度給付上限都重新計算了。年初大量增加的支出完全是沒有時間緊迫性的治療，例如補牙或牙套，而緊急治療（例如根管治療）在年初並未明顯增加。

事實證明，不只是雷，只要合約允許，若是即將進行昂貴的治療，很多人都會考慮升級牙科保險。由於每個人都這樣做（或有機會這樣做），大多數保險公司認為提供「真正」的保險並不划算。相對於一個能夠解決選擇問題的世界而言，這種情況讓我們處於相對不利的境地，那些不幸擁有牙齒問題的人，需要自己承擔可能拖垮財務的牙科費用，而保險公司則錯失了管理這種「爛牙」風險並從中獲利的機會。

## 連哈佛大學都陷入的死亡螺旋

卡布瑞研究的重要性，不只在確認雷不是唯一試圖操縱牙科保險市場的人，她提供了直接證據，是選擇問題導致價格上升，並限制了牙科保險的給付項目，而非管理不善或價格剝削。相比之下，對於Wedlock、IncomeAssure和Paycheck Guardian這樣的產品，我們只能猜測它們失敗的原因。當然，生意失敗有很多理由，雖然我們認為選擇問題是其中之一，但也無法肯定。舉例來說，離婚險因為明顯的原因而不受歡迎，這些原因和私有訊息無關；新婚夫妻和所有人一樣，都確信自己比別人好，認為只有別人的婚姻會失敗，還沒結婚就討論如何應對離婚問題也很詭異（雖然婚前協議也是在應對離婚問題）。

在本章其餘部分，我們將引用一些更確定能將結果歸咎於選擇問題的研究。在下個例子中，我們將仔細觀察選擇問題帶來的後果，包括高費用和高成本客戶之間的惡性循環，受害者不是保險新創公司中想尋找輕鬆賺錢機會的傻瓜菜鳥，而是最受人尊敬的機構——哈佛大學。

哈佛大學的錯誤值得一說再說，因為它們可以幫助我們正確理解一方的資訊優勢如何徹底破壞市場。而且因為它是哈佛大學，這個故事的寓意也可能是，有時即使聰明絕頂的人，也無法真正了解選擇問題的惡劣影響。最後，這也是逆選擇（adverse selection）理論的一次勝利。柏克萊大學（University of California, Berkeley）經濟學家阿克洛夫於一九七〇年的〈檸檬市場〉論文中，警告可能出現逆選擇的「死亡螺旋」。這一點恰好正確描述了哈佛大學和其員工健康保險所發生的情況。

哈佛大學這場保險設計意外的細節由莎拉．雷伯（Sarah Reber）提供，她在一九九〇年代就讀於哈佛大學，也就是這段故事的登場時刻。當時，她正在尋找畢業論文題目，她的學校也在此時提出一個看似可以輕鬆省錢的方法。最終，她得以近距離觀察哈佛大學的死亡螺旋，並撰寫了一篇優秀的論文，後來和論文指導教授——哈佛大學教授大衛．卡特勒（David Cutler）共同發表[14]。

在雷伯就讀哈佛期間，大學的員工福利預算出現赤字，這個赤字威脅到不斷擴大的數十億美元基金。造成赤字的主因是員工健康保險計畫的成本持續上升，大學每年理賠的金額超過保費收入。

在發現成本意外超過收入時，自然的反應是什麼？當然是提高價格啦！哈佛也是這麼做的，但它們沒有完全意識到選擇問題帶來的後果。

為了更理解哈佛為何做出這些改變，以及它如何猝不及防受選擇問題影響，你必須先了解這所大學一開始定價員工福利的背景。就像其他雇主一樣，哈佛大學提供員工不同的健康保險方案，「更高階」的方案對病患可以選擇的醫生或醫院限制較少，當然保費也比「不那麼高階」的方案高。

就像其他雇主一樣，哈佛大學也支付了員工大部分的健康保險費用，員工只需要自行支付一小部分。然而，為了降低成本、減少赤字，哈佛大學改變策略，它要求員工增加自負額，才能獲得更全面的保障。

在那之前，即使選擇較高階的方案，每年每人理賠金額仍多出約八百美元，員工只需支付額外的兩百八十美元，哈佛大學支付其餘部分。

在一九九五年的新系統下，無論員工選擇哪種保險方案，哈佛大學只支付固定費用。因此，想選擇高階方案的員工現在得支付八百美元差額，比過去額外支付兩百八十美元多出將近三倍。

很容易理解，這項政策為什麼可能在經濟上更優越且更公平，更優於過去的制度。

為什麼不讓想要擁有更多給付項目的人自己付錢呢？天下沒有白吃的午餐——如果哈佛大學要為員工的健康保險承擔部分費用，就要使用本可以拿來加薪的資金。為什麼不乾脆給員工更多薪水，讓那些選擇低階保險的人用多餘的錢，買更好的電視或度假什麼的？為什麼要獨厚喜歡全面健康保險的員工呢？不過，一旦考慮到選擇問題，經濟情況就顯得更糟糕了。

當哈佛大學提高員工購買更高階方案的價格時，購買這個方案的人數就減少了。這正是基本經濟學所預測的。（是的，經濟學入門中教授的內容是真的：價格上漲時，需求會下降，你在別的地方就聽過這個論點了。）正如選擇經濟學所預測的，退出方案的員工與選擇以高保費維持高階保險的員工不同，轉換到低階方案的員工通常較少使用健康保險服務，而即使價格較高仍維持高階方案的人，通常使用更多的健康保險服務。舉例來說，比起轉換方案的人，堅持使用高階方案的員工在前一年的理賠金額較高，年紀也較大（平均年齡大四歲）。所以他們無論前幾年花了多少錢，都能合理預測未來的醫療開銷會更高。

現在，你應該能猜到故事的走向了。雖然員工支付高階方案的價格變高了，但（每位投保人的）成本也上升了。因此，哈佛大學在隔年又陷入同樣的困境，又是似曾相識的場景。哈佛大學隔年再次提高價格，結果還是一樣，每年不斷循環，哈佛選擇將這場死亡螺旋發展成慘烈的結局：更高的價格嚇退了最健康、成本最低的投保人，為了保持員工福利的收支平衡，只好不斷提高價格。最終，哈佛大學進行停損，不再提供高階方案。這可能是節省資金的一種方法，但肯定不是最初計畫的一部分。

哈佛的行為引發了阿克洛夫研究和警告的那種死亡螺旋。但我們不該讓人對哈佛受人尊敬的管理者產生過於傲慢的印象，我們應該注意到，哈佛不是唯一犯這種錯誤的大學。大約同一時間，加州大學（University of California）也曾嘗試相似的節省成本措施，並引發部分健康保險方案的死亡螺旋[15]。而最早對這個問題提出警告的阿克洛夫，就是這個體系中柏克萊分校的經濟學家。（在現實生活中，阿克洛夫本人也對加州大學的死亡螺旋有所貢獻。當他的家庭高階方案在一九九〇年代末飆升時，相對健康的阿克洛夫家轉向給付項目較少的方案。很快地，大學的保險計畫就刪除了高階方案。）

哈佛和柏克萊等雇主最終陷入死亡螺旋的原因，可能結合了兩個因素。首先，政策變化背後的確有些好的想法，它們試圖使雇主提供的健康保險更加平等（且公平？），但第二點是，它們似乎沒有充分思考過選擇問題會如何一次次搞砸它們的良好意圖。

## 壽險的陷阱：你知道你能活多久嗎？

在牙科和健康保險中，我們看到顧客如何「智取」保險公司。牙科護理的治療經常可以拖延幾個月，甚至幾年；哈佛的健康保險未根據健康狀況設定價格（我們將在第七章更詳細討論這個主題），所以若想篩選出高階方案裡的「壞」客戶時，它們就無計可施了。然而，即使我們認為保險公司可能占有資訊優勢，我們還是能發現有些客戶知道、但保險公司不知道的事。

例如人壽保險。保險公司基本上可以自由挑選受保對象，決定要收取多少保費，它們可以對客戶進行評估，例如讓他們接受體檢、記錄任何危險的嗜好、記錄家族病史等。你可能認為有了這些資訊，保險公司比要保人更能預測他們可能何時死亡——畢竟對許多潛在客戶來說，這是幾十年後的事，但你錯了。

壽險自十六世紀就已出現，它的故事告訴我們，這個行業已在緩慢但確實地從自己的錯誤中學習。然而，它從未完全掌握對客戶的資訊優勢。

我們先來介紹壽險的基礎知識。就像史凱聰明地避開了明蒂起司蛋糕的賭注，如果有人向你要求購買一份效期只有一年的壽險保單，不要接受。他們不是你想要的客戶。最早的壽險經紀人不曉得這個小智慧，所以他們被短命的顧客欺騙了。

過去推動壽險業務的交易，更像是對死神降臨的一種賭博，而不是像今天的壽險，主要用於保障家庭經濟來源的損失。在十六世紀末，一位名叫理查・馬丁（Richard Martin）的男人花了三十又三分之二英鎊購買一份保單，如果威廉・吉本斯（William Gibbons）在一年內去世，就能獲得三百八十三又三分之一英鎊的理賠。[*]這份合約的承保人是由十六名投資者組成的團體，它們承諾每人出資二十五至五十英鎊來支付可能的賠款，合約在一五八三年六月十八日生效。結果，吉本斯於隔年五月二十九日去世，離合約到期不到三個星期，馬丁先生的賭注獲得一二五〇%的回報。[16]

或許馬丁先生掌握了吉本斯的健康狀況或活動的特質，也或許他在合約接近到期時，為此結果推波助瀾。[†]無論如何，馬丁先生在承保人眼中似乎是不好的顧客類型。（在過程中，發生過一段法律上的轉折，對曾經因損失或損害而提出理賠的人而言，這種轉折令人感到痛苦地熟悉。承保人認為，由於吉本斯先生已經連續存活十二個二十八天，在定義上，二十八天即為一個月，所以在定義上，他在一五八三年六月十八日就算是活了一年。法院支持馬丁先生的意見，判決保險公司支付賠款。）

幾十年後，出現第一份個人為了繼承人而對自身死亡進行投保的紀錄。它出現在一六二二年的商業法著作中，其中詳細描述九十歲的「造幣廠長」支付七十五英鎊，換取一年三百英鎊的保險。這一次，保險公司的運氣依然不佳，老騎士一年內真的去世了，

---

* 合約中特定措辭提到更早的壽險保單，表明先前可能還有其他壽險保單，但沒有直接證據證明它的存在。與壽險緊密相關的殯葬協會至少可追溯到西元前一百年，當時羅馬將軍蓋烏斯・馬略（Caius Marius）在他的部隊裡做了一項安排，如果有人意外死亡（在羅馬軍團中並不少見），他的戰友將支付葬禮費用。參考資料：Charles Kelley Knight, *The History of Life Insurance in the United States to 1870* (Philadelphia: University of Pennsylvania, 1920); Thomas C. Wilson, *Value and Capital Management: A Handbook for the Finance and Risk Functions of Financial Institutions* (Chichester, U.K.: Wiley, 2015).

† 壽險謀殺計畫在現實生活和小說中都發生過好多次，現在已經見怪不怪了。如果你好奇，有很多網頁列出各種虛構和真實的案例。比佛利山莊梅內德斯兄弟的案例則是真假參半，他們在一九八九年策劃謀殺父母，以獲得一千四百萬美元的遺產，其中包含六十五萬的壽險。但弟弟艾力克犯了一個低級錯誤，他寫了一部劇本，在第六十一頁描述一個十幾歲的男孩如何為錢殺害父母。最初懷疑這是一起幫派謀殺案的警察，後來對這份手稿產生濃厚的興趣。參考資料：Elena Nicolaou, “Here’s How Much the Menendez Brothers Spent on Their Spree,” *Refinery29*, September 26, 2017, https://www.refinery29.com/en-us/2017/09/174002/menendez-brothers-money-spent-shopping-law-and-order.

承保人也的確付了錢。「老騎士」恰巧也叫理查．馬丁，有位歷史學家猜測，他可能是幾十年前從吉本斯死亡中獲利的那個理查．馬丁。[17]

時間再快轉幾十年，倫敦書商約翰．哈特利（John Hartley）創立了第一家壽險公司，這家「永續保險辦公室友愛社」（Amicable Society for a Perpetual Assurance Office）在一七〇六年取得公司執照。友愛社每年向近兩千名會員收取每股六英鎊四先令的保費，一個會員最多可買三股。股東去世後，受益人可以得到友愛社支付約一百五十英鎊。歷史學家傑佛瑞．克拉克（Geoffrey Clark）觀察到，友愛社的會員名單多是購買股份來照顧家庭，以免養家餬口的人死亡，因此反映出現今人壽保險的主要功能。[18]

那時，像哈特利這樣的人，顯然已經學會了如何經營保險公司而不破產的基本知識。九十歲的老人不適用，只有十二到五十五歲的人能加入。協會的董事們也會親自檢查每一個潛在會員，確保他們不是病弱或有缺陷（對於住在倫敦以外的人，需要有關單位的推薦信，證明個人足夠健康且神智清醒）。但我們無法從歷史紀錄中判斷，友愛社的董事們是否比理查．馬丁的承保人更善於檢測疾病。[19]

今日，壽險公司及其合約似乎更能智取它們的客戶，因為合約的設計更好了，也因為它們蒐集了更多更好的資訊。許多保單有兩年等待期，或兩年的可爭議期，因此不會再出現像馬丁的子孫那樣，靠短期預測帶來巨大利潤的情況。（這可能是洛根對離婚險要有等待期的想法來源，雖然他將等待期延長到四年。）今日，想再算計一家壽險公司，你需要能夠預測更遠的未來。

你以為自己至少還能再活兩年，那五年呢？十年呢？還是二十年？有太多無法計算的情況需要考慮，即使你知道各種不幸和疾病的機率，也很難在腦海中或紙上計算出來。

而且問題不只在於你知道什麼，更重要的是在整體上，你是否比保險公司知道的更多。或許你有高血壓，或許你母親年輕時即因肺癌去世，你父親死於心臟病，但你的壽險公司也知道，因為現在需要體檢和填寫詳細的問卷後，保單才能生效。[20]

不僅如此，你的保險公司還擁有大量關於和你相似家庭和醫療史的人的壽命資訊，以及與收入、住家位置、信用評價等因素相關的死亡率，你可能從未想過這些事對你十年後能否存活會有影響。最重要的是，當你還在用紙筆思考自己的生死存亡時，保險公司有全職的統計學博士大軍，他們一直在努力找出預測死亡時間的最佳方式。

我們認為，在資訊爭奪戰中，你或許知道有關自己生死的事，但保險公司並不知道，不過它們有精算師大軍，可能找出你根本不自知的一些事。以選擇問題的邏輯來看，當戰場上的塵埃落定後（請原諒我們以戰爭作隱喻），買方需要保留一點祕密，才能在保險交易中獲益。

## 我們比保險業者更能預測自己的未來

這就是為什麼對我們來說，今日的壽險客戶仍然比保險公司更了解自己能活多久，這一點令我們驚訝。得益於經濟學家何岱峰（Daifeng He，音譯）的研究，我們知道這是真實的。[21]她表示，即使在今天，客戶的預測仍勝過壽險業所能提供的。她是這樣做的：她找到一群壽險客戶，還有一群沒有買壽險的人，然後她追蹤這兩群人，看他們何時離開人世。

何博士的分析基於以下見解。假設客戶擁有至少再過十二個生日的私有訊息，如果那些知道前景不太好的人，會更傾向購買壽險，那麼當何博士追蹤這些人時，會看到有買壽險的客戶實際上將比未購買壽險的人早逝——他們的私有訊息透過早逝的方式顯露出來。換句話說，壽險業者吸引了那些逆選擇的客戶，也就是比未購買保險者更早去世的客戶（對保險公司來說也是更昂貴的客戶）。

在任何保險市場中，了解每個客戶的保險成本是相當容易的——只需查看保險公司的理賠金額即可。挑戰在於，在大多數情況下，很難確定如果非客戶成為客戶時，會花費多少成本（好像繞口令！）

何博士的見解在於意識到，對人壽保險來說，讓客戶變得昂貴或便宜的因素，僅僅取決於他們在購買保險後的壽命長短。長壽者便宜，因為他們在去世前繳付很多保費；早逝者是保險公司想避免的客戶——他們只有支出，而沒有足夠的保費收入。而死亡不像車禍或房屋失火，不管有沒有保險都會留下紀錄。

在何博士的研究中，她對五十歲以上的受訪者追蹤了數十年，每兩年調查員都會回來詢問受訪者的生活情況，例如他們的工作、子女、婚姻、健康、飲食和運動習慣，以及他們買了哪些保險。如果調查員因為受訪者死亡而無法完成訪問，他們也會記錄下來。何博士觀察在調查一開始未購買壽險的受訪者，並對後來買了壽險的人與一直未投保的人進行比較，包括兩類人在保險公司調查的各個面向相似度，例如有沒有抽菸、有沒有糖尿病、父母是否健在（若無，則詢問死亡時間）。換句話說，她可以扮演保險公司的角色，在考慮保險公司對客戶所知的一切訊息後，分析購買者和非購買者的情況。

何博士發現的結果令人驚訝，因為我們相信保險精算師的計算能力。在她追蹤死亡率的十二年間，比起在此期間眾多特徵都相似但仍然健在的人，死亡者購買壽險的比例高出近二〇%。換句話說，他們在遙遠的未來繼續支付保費的可能性較低。也就是說，壞客戶（從保險公司的角度）購買保險，而好客戶（較健康長壽的客戶）則選擇遠離保險。

為什麼？保險公司的專家為何無法預測客戶？你的第一反應或許是他們為了獲得最佳利益而撒謊：或許我們都告訴保險公司自己會上健身房、吃杏仁、不抽菸、不喝酒，還有個百歲祖母。*

這讓人很容易產生說謊的念頭，畢竟，保險公司不會費心核實申請者的詳細資料。然而，這是因為它們面對詐欺行為有一種更好、更有利可圖的處理方式：申請表上那些不太明顯的條文會告知你，如果提供的資訊被證明虛假或有誤導性，保單將無效。只要在需要理賠時，保險公司才會派出查證人員。在蓋棺前，你最好希望自己是誠實的。[22]

如果不能直接撒謊，高風險客戶能隱瞞什麼樣的祕密？或許是對水肺潛水、高空彈跳或滑翔傘的熱愛？不行，保險公司早就想到了，在申請表上也有相關問題。工作或度假計畫是否會前往有內亂或暴力犯罪的地方？保險公司也會詢問國際旅遊的情況。喜歡在高速公路上開快車？它們會檢查你是否有超速罰單（若近年有酒駕紀錄也會被拒保）[23]。

老實說，我們不太確定人們能保留什麼和未來生死有關，又不必寫在申請表上的祕密。正是資訊蒐集的完整性，讓壽險市場能存活並繁榮，儘管今日還是一定有理查．馬丁那種人。但它也讓我們感到困惑，到底是什麼私有訊息會導致壽險市場裡的逆選擇。在最後一個例子中，由於研究人員具有創意的巧妙研究，我們可以找出人們擁有的一些祕密。

* 如果你是一位經濟學家，自然還會想到，壽險可能讓人們的行為更加魯莽——例如去跳傘，因為你知道萬一降落傘沒開，你的家人也不會因為沒有養家餬口的人而陷入困境。換句話說，人會變成高風險顧客，正是因為保險在發生壞事時，能發揮緩衝作用。正如這個例子所示，雖然保險可能使人們冒更多風險，實際上，在本書的許多範例中，由保險驅動的冒險行為最多只是次要的考慮因素。而且因為經濟學家完全意識到這個問題，我們所描述的研究通常都會考慮到這一點。如果你更迫切地想了解這種風險行為如何影響保險業，你可以等待我們計畫中的續集《風險行為，暫譯》（*Risky Behavior*）。

## 我可以隱瞞基因資訊嗎？

亨丁頓氏舞蹈症（Huntington's disease）是一種遺傳性腦部疾病，對患者來說，它無法遏制的進展令人痛苦不堪，對任何承保相關費用的保險公司而言也非常昂貴，尤其是患者需要居家護理，或需要住進療養院時，長期照護保險將支付相對費用。這筆費用很容易達到數十萬，隨著身體功能持續衰退，整個過程可能長達數十年[24]。

亨丁頓氏舞蹈症會影響運動、行為和認知，它起源於四號染色體上單個缺陷基因的異常表現，這個基因攜帶了稱為ＩＴ１５的蛋白質訊息；在一九九三年發現它與亨丁頓氏舞蹈症有關後，就被稱為亨丁頓蛋白質。[25]（huntingtin protein不是拼錯字，亨丁頓蛋白huntingtin意指無法穩定運作的蛋白質，亨丁頓Hungtington則是指因亨丁頓蛋白的異常表現導致的疾病，其正常功能尚未完全理解。）

攜帶亨丁頓蛋白的基因是顯性的，這表示如果一個人在兩個四號染色體中的任何一個攜帶該基因，就會患上亨丁頓氏舞蹈症。它也代表如果父母帶有這個基因，孩子有五成的機率會得，因為他們有機會從父母的兩個四號染色體中獲得其中一個。然而，因為亨丁頓氏舞蹈症是一種晚發性疾病，症狀通常在中年才開始，並在接下來的幾十年逐漸惡化，父母可能在不知道自己罹病的情況下，就把它傳給孩子。（這也是為什麼儘管這個疾病會使人失能，卻沒有被自然選擇淘汰的原因，通常都在繁衍後代後才發病。）

這個疾病以喬治．亨丁頓（George Huntington）命名。他是一名醫生，一八七〇年代，他在紐約東漢普頓（East Hampton）地區的病患中，觀察到失智症和不自主運動障礙似乎經常在家族中出現。在過去科學還不普及的年代，罹患亨丁頓氏舞蹈症的人有時常被視為魔鬼附身——人們猜測十七世紀末塞勒姆（Salem）臭名昭著的巫術審判中，被燒死的可憐靈魂可能就患有這種疾病。（據說，五月花號攜帶了亨丁頓氏舞蹈症的基因到美洲。）[26]

從首次確認亨丁頓氏舞蹈症的症狀後一百年，現代醫學才能更深入地了解和診斷這種疾病。例如，美國民歌手伍迪．蓋瑟瑞（Woody Guthrie）就飽受亨丁頓氏舞蹈症之苦，但多年來一直未被診斷出來。他接受了各種治療，包括戒酒和偏執性精神分裂症等疾病，在一九五四年因流浪被逮捕且送往醫院後，才終於確診為亨丁頓氏舞蹈症。他被送到格雷斯通精神病院（Greystone Psychiatric Hospital），疾病持續惡化，因為這是不可避免的。根據他女兒諾拉（Nora）的說法，他已經無法控制基本動作，要把食物從盤子送進嘴巴時，「當他拿起食物，他無法控制手指，一半食物都掉了。」送到格雷斯通後，他的認知和身體又持續衰退了十多年，最終逝於一九六七年。[27]

蓋瑟瑞去世後，科學家對亨丁頓氏舞蹈症的基礎生物學已經更加了解，我們現在知道它是一種基因疾病（沒人注意到，在蓋瑟瑞送至機構的幾十年前，他的母親也變得笨拙且健忘，最終也被送入院）。父母患有亨丁頓氏舞蹈症的人，知道自己有一半的機會遺傳這個疾病，如果真的得病，那他們毫無疑問將成為高成本的「類型」——亨丁頓氏舞蹈症的症狀在成年早期到中期出現，但它引起的神經退化是漸進的，病患還能活幾十年，通常需要全面且昂貴的照護，例如安置到安養院，或是雇用居家護理員。長期照顧保險可以支付居家照護和安養院的費用，作為對這類支出的防範手段。[28]

從研究選擇問題的角度來看，亨丁頓氏舞蹈症的引發隨機性是一種特徵，而不是一個缺陷。逆選擇理論預測比起一般人，父母罹患亨丁頓氏舞蹈症的人（有五成機率遺傳這個疾病）購買長期照護險的比例應該高得多：他們知道自己比平均值更有可能需要長期照護。在這個案例中，我們確切知道關鍵的私有訊息是什麼。

經濟學家艾蜜莉・奧斯特（Emily Oster）與一組醫生合作，追蹤近一千名父母患有亨丁頓氏舞蹈症，因此有患病風險的人群。[29]該研究的受訪者定期接受醫學研究者的調查，其目的在更深入了解處於亨丁頓氏舞蹈症風險中的人的生活和決策。其中一個調查問題，即是詢問受訪者他們是否購買長期照護保險。

奧斯特和她的共同作者，計算了這個風險群體中購買長期照護險的比例。他們將這個比例與美國人口隨機調查的其中一個群體（這些人在其他可觀察方面與風險群體相似，例如年齡、收入和婚姻狀況）的保險覆蓋率進行比較，正如選擇模型所預測的，風險群體選擇長期照護險的比例遠高於隨機樣本（二七％：一〇％）。

後來，研究人員探究風險群體中更深層的選擇。自一九九三年以來，透過基因檢測已經可以判斷一個人是否會患上亨丁頓氏舞蹈症。不過並非每個有風險的人都會接受檢測，蓋瑟瑞的兒子——阿洛（Arlo）也成為傑出的民歌手，但他選擇不去檢測，就像許多亨丁頓氏舞蹈症患者的後代一樣。對一些人來說，最好不要去預想這種黑暗的未來。此外，如奧斯特在其他研究中所說，不接受檢測可以讓風險群體欺騙自己，認為他們是那五〇％不會遺傳該疾病的幸運兒。[30]

在接受檢測的人中，研究者比較兩種檢測結果的長期照護險購買情況。這兩群人平均而言是相同的：他們的父母都患有亨丁頓氏舞蹈症，因此有五成的機率遺傳疾病，所有人都決定接受檢測，但有人贏了基因樂透，檢測結果是陰性的；有些人輸了，得到陽性結果。在陽性結果的人中，自述購買長期照護險的比率是陰性群體的兩倍以上，也是全國平均值的五倍。

## 為什麼保險公司不使用資訊優勢？

亨丁頓氏舞蹈症的研究有許多有趣之處。對於我們的目的來說，它說明了個人可以擁有私有訊息，而且用於決定是否購買長期照護險，並能影響保險公司的成本。亨丁頓氏舞蹈症風險群體與一般人群體的保險購買率差異，還有檢測結果陽性和陰性者的保險購買率差異，都會導致保險公司在典型客戶和一般人口間產生巨大的成本差異。

與此同時，研究設計使用的診斷技術也引發許多棘手的倫理和法律問題，涉及保險公司和其客戶可以和應該知道的訊息，以及何時可以知道。我們在第七章討論政府政策如何影響選擇市場時，再回頭說明法律問題。現在，我們只能說，在許多州，長期照護險的提供者，在法律上都有合法權利在決定理賠項目和定價時得到基因檢測資訊，但它們選擇不這樣做。[31]

這就引出一個看似明顯的問題：鑒於幾十年來，已經有簡單且確切的檢測方式，為什麼保險公司不乾脆詢問投保人是否患有亨丁頓氏舞蹈症，然後提高價格或是完全拒保呢？正如奧斯特等人的研究報告，長期險提供者的確會詢問投保人是否患有亨丁頓氏舞蹈症，還有其他一系列既有疾病（並警告說，回答肯定可能會使他們無法獲得保險）。但至少，研究者十多年前調查時，保險公司沒有詢問風險或家庭醫療史，它們或者不問、或者無法探究這些問題——一些州禁止長期照護保險公司詢問基因風險問題，而其他一些州雖然沒有這種限制，保險公司似乎仍然不問。[32]（如果你發現保險公司對潛在客戶基因風險「不問不說」的作法感到困惑，你並不孤單；在第四章中，我們將探討保險公司為何選擇不使用所有資訊優勢的謎題。）

個人的基因資訊只是客戶可能持有的祕密之一，如果保險公司問的話，它們就會發現——這不限於亨丁頓氏舞蹈症，基因檢測的項目可以包含乳癌、結腸癌、帕金森氏症和阿茲海默症等疾病。基因檢測當然不是客戶資訊優勢的唯一來源，這只是一個非常容易被大家看到的例子。

正如諺語所說，「布丁好不好，吃了才知道」，我們可能無法總是確切掌握他們知道什麼，但正如在本章中看到的，從多個不同保險市場（或非市場）的證據清楚表明，保險客戶知道保險公司不知道的事。

在這一章中，我們提供各種證據，從傳說故事到最新的學術研究，證明選擇問題的確是一個持續困擾保險市場的問題。在繼續檢視企業和政策制定者如何管理或規範這些選擇問題（希望我們已經說服你它值得重視）前，我們將先退一步，回顧數千年來某個特定保險市場的歷史。（如果保險業務不是世界上最古老的職業，那也相去不遠了。）這能讓我們有機會重新討論，到目前為止發展的許多想法和見解，並在此過程中探討這些見解如何使一些歷史上最偉大的思想家感到困惑，從而不僅造成市場混亂，有時甚至導致政府崩潰。

# 第三章
# 兩千年打造的保險帝國——歷史上的年金保險制度

人一有年金可以拿，就會比較長壽。

——芬妮・達斯伍德（Fanny Dashwood），引自珍・奧斯汀（Jane Austen）《理性與感性》（*Sense and Sensibility*），一八一一年

一九九七年八月四日，珍妮・卡爾門（Jeanne Calment）於法國亞爾（Arles）逝世，享年一百二十二歲又一百六十四天，是歷史上最長壽的人。在她生命的最後，她回憶起青少年時曾見過梵谷（當時印象並不深刻，他那時太醜了，而且喝了很多酒）。她比丈夫多活了半個多世紀——他在七十三歲時死於櫻桃中毒。[1]

一九六五年，當時已年過九旬的卡爾門在她普羅旺斯的公寓，和當地公證人安德烈

—弗朗索瓦．拉弗雷（Andre-Francois Raffray）簽署了一份合約，卡爾門一個月能獲得兩千五百法郎的生活津貼（當時約五百美元），她也可以繼續住在她的公寓裡直到離世，離世後房屋所有權將轉移到拉弗雷名下。

雖然很難猜測那位公證人的意圖，但不難想像他以為自己正在欺騙一位窮困無知的老婦人。我們沒辦法問他，他在一九九五年去世，比卡爾門早兩年，支付了公寓價值兩倍的金額，卻什麼都得不到。卡爾門當時冷嘲熱諷地說：「人生中，有時會做出不好的交易。」[2]或許還可以補充，人生中手氣不好時，有時是因為運氣不佳，有時是因為你沒遵循史凱父親的建議（我們在第二章一開始時曾聊過他）。有人會提出糟糕的賭注，而你接受了。或許拉弗雷只是運氣不好，畢竟，依據他的直覺，統計數字對他有利，九十歲的人平均只能再活幾年。[3]

或者，也許卡爾門知道自己不是一般人。在她晚年許多採訪中（在她和拉弗雷簽定合約之後很久），她聲稱從二十歲起，就從未感冒過。在她九十歲簽定合約時，她還能騎腳踏車逛亞爾，一直持續到她過了百歲生日。[4]簡而言之，在某種程度上，那位狡詐的公證人可能不知道她是極端健康的「類型」。

也就是說，也許拉弗雷做出錯誤的決定——他沒有注意到選擇市場中做生意時「賣方謹慎」的問題。（希望如果拉弗雷曾經閱讀過第二章，並接受過資訊經濟學的基礎教育，他在簽署成本依賴對方生存的合約時，就會三思而後行了。）

但世界最長壽女人和狡猾公證人的有趣軼事，只是少數個案嗎？這個例子是否脫離市場運作的一般規則，成為規則的例外呢？我們承認這個案子是精心挑選出來的。事實上，從定義上來看，這個選擇是以極其不幸的結果為基礎（至少從賣家的觀點）。畢竟，只有一家保險公司不幸地下注，對抗歷史上壽命最長的人。

也許在法國或其他地方（甚至拉弗雷自己？）都有人和老年人簽定類似的合約，而這些人很快就死了，多數公寓交易都是賺錢的。（雖然在許多拉弗雷和卡爾門的故事敘述中，我們無法找到拉弗雷還跟其他老年人簽定類似合約。）或許拉弗雷被蒙蔽了，他在保險合約世界裡還是個外行。*如果是盈利公司嘗試拉弗雷的作法，一定能做得更好，以維

* 他甚至有可能被比選擇問題更平凡的事蒙蔽：純粹的詐騙。多年來，偶爾會有人懷疑卡爾門的年紀，尤其是在二〇一八年，莫斯科有名業餘老年學家尼古拉·扎克（Nikolay Zak）寫了一篇名為〈珍妮·卡爾門：長壽的祕密〉的文章。扎克可能是個天才（他擁有莫斯科國立大學的數學博士學位），也可能是個怪人，他聲稱她在一九三四年即死於肺結核，那個宣稱自己是世界最長壽的人其實是她的女兒伊芳，而根據醫療紀錄，伊芳死於一九三〇年代。扎克重新審視了這對母女老年時回憶的各種不一致之處，不過很少有科學家認為他的論點具有說服力。對我們而言，如果她們真的轉換身分，這將成為一個更好的故事，如此一來，卡爾門絕對利用了私有訊息來獲得好處，不僅欺騙拉弗雷，也欺騙了整個世界。資料來源：Nikolay Zak, “Jeanne Calment: The Secret of Longevity” (unpublished paper, December 19, 2018), https://doi.org/10

持業務運作。

事實並非如此。結果證明，卡爾門和拉弗雷的例子不只是單純的趣聞，這就是我們選擇它的原因。

拉弗雷所經歷的選擇問題同樣也對盈利企業造成困擾，我們預期這些企業比法國鄉村公證人更有見識，而這樣的結果導致一個潛在價值很高的保險產品，其市場卻非常小，而且價格非常高。

在本章其他部分，我們將講述這個保險市場的故事。它可以追溯到數千年前，至少能追溯到羅馬帝國時期。當時這個市場就受選擇問題所擾，今日仍然如此。在此過程中，我們將說明選擇問題如何使個人、公司和政府破產，而且至今仍沒有解決方案。

我們將帶你快速穿越年金的歷史，也就是卡爾門和拉弗雷簽署的那種。拉弗雷以固定金額（以公寓的形式）作為交換，向卡爾門提供終身年金。在年金合約中，更常見的是人們支付金錢（而非房屋）換取終身年金，而且他們會在事前一次性支付全額（而非死亡時）。無論他們付出的是金錢或房屋，基本概念都是一樣的。個人（最常見的是退休人士）將部分儲蓄交給保險公司，保險公司則承諾在他們活著的時候每月支付固定金額。退休人士自然希望能長命百歲，過著打高爾夫、子孫承歡膝下，還有保險公司保證付款的生活。這些付款讓他們安心，不必煩惱存款會耗盡，因此他們真的可以享受退休生活。這就是年金提供的價值主張。

另一方面，保險公司希望付款能很快結束。就像卡爾門驚人的長壽一樣（九十歲老人的平均餘命為四年，她多活了三十二年[5]），這代表她對拉弗雷來說是「壞」客戶，長壽的年金受領人對保險公司而言都是壞客戶。正如本章開頭引用珍．奧斯汀的句子，那就是年金銷售者經常吸引的客戶類型。

現在看來年金合約顯然會吸引長壽（因此昂貴）的客戶，但對於那些希望透過發行年金來填補資金缺口、並籌措資金來進行戰爭的政府而言，這個問題的嚴重程度足以讓他們付出巨大的代價，甚至破產。在現代，選擇問題沒有使年金市場完全消失，然而，對普通（不是非常健康）的退休人士來說，如果他們希望自己運氣夠好，活得比預期更久時不會陷入貧困，年金不再是可行的選擇。

## 我要長命百歲

年金合約和保險一樣歷史悠久，早在羅馬帝國時期，史上第一位年金銷售員多米修斯・烏爾比安（Domitius Ulpianus）計算出「死亡表」，例如一位年滿三十五歲的羅馬公民預期可以再活二十年。[6] 這些表格是現代精算模型的前身，非常粗糙，只能提供五到十年為間隔的預期壽命。表格也未考慮年金購買者和其他人之間的平均餘命，而這個錯誤存在了一千多年。

年金制度比羅馬帝國長壽，它延續至中世紀，當時主要是為了迴避天主教會反對和禁止高利貸而存在。年金是這樣鑽漏洞的：當一個人立即需要現金時，可以出售年金，而不是以利息的方式借貸（即標準貸款）。賣方獲得一筆一次性支付的款項，換取買方終生年金支付。兩者非常相似，只是一個在貸款償還時結束，另一個則在「貸方」（即年金買家）死亡時結束。*

年金也為貸方提供一種超過利率上限的方法，這些上限是為了保護借款人免受「高利貸」利率的危害。例如英格蘭在一七一四年禁止超過五％的貸款利息，導致出現大量不同的金融工具，這些工具實際上是傳統貸款的掩護替代品。[7] 在年金的情況下，正是其不確定的終點才讓這個漏洞存在：誰知道年金合約的利率是五%還是二〇%？這完全取決於年金受益人活了多久。正如十八世紀英國法官哈德威克勛爵（Lord Hardwicke）說：「我發自內心地相信，百分之九十九的（年金）只是為了避開高利貸法規的變形貸款。」[8]

政府也利用年金作為籌款機制，功能和今日的政府債券一樣。城市透過出售年金，購買石頭和磚塊以加固防禦工事（和市政基礎建設），國家則以這種短視近利的財務手段，為軍事戰役或君主的奢靡生活提供資金。荷蘭於一五五四年發行年金以對抗法國，英國則在近

---

* 若以誇張的方式來解釋神學家的論點，收取利息是違反自然道德法則的，這種法則認為金錢的價值應該體現在其面值上，如果透過貸款支付超過面值的費用（因此稱為「高利貸」），則等於對其收取兩次費用。在托馬斯．阿奎那（Thomas Aquinas）的著作中，以賣出商品的所有權和使用權作類比：「如果一個人只想賣酒，而不是酒的使用權，就是將同一個東西賣了兩次。」暫且不論阿奎那的論點在任何合乎情理的經濟（或哲學）上有沒有價值，這個論點多年來產生了很大的影響。年金制度和保險合約也存在宗教爭議，如果你的房子燒毀或船隻沉沒，那是上帝的旨意，區區凡人怎可干涉這種事情？更具經濟觀念（或在道德上更加靈活）的神學家在十六世紀提出一系列的反駁，讓現代貿易和生產能夠在不讓商人承擔過度風險的情況下進行。資料來源：Ray D. Murphy, *Sale of Annuities by Governments* (New York: Association of Life Insurance Presidents, 1939); Thomas Aquinas, *Summa Theologiae* (1485); James Poterba, "Annuities in Early Modern Europe," in *The Origins of Value: The Financial Innovations That Created Modern Capital Markets*, ed. William N. Goetzmann and Geert Rouwenhorst (Oxford: Oxford University Press, 2005), 207–24.

一百年後，透過「百萬法案」發行年金，為對戰法國提供資金。法國在十七世紀晚期販售年金，好發起對荷蘭和其他歐洲國家聯盟的九年戰爭；國王路易十四則依賴年金飲酒作樂，累積大量債務，有些歷史學家認為這導致了法國大革命（和瑪麗皇后被斬首）。[9]

路易十四不是唯一因年金債務而使政府破產的君主。在十四世紀，法蘭德斯（Flanders）的根特（Ghent）也有同樣慘澹的結局。情況非常嚴重，影響許多地方政府，以至於在十五世紀晚期，勃艮第公爵菲利普一世（Philip the Handsome）暫停荷蘭市政府所有年金給付，試圖避免大規模的市政債務違約。但像阿姆斯特丹和哈倫（Haarlem）這樣的城市並未被嚇到，幾十年後，這兩座城市的年金給付再次超過整體收入的半數。[10]

## 年金產品設計的基本問題

有些債務和選擇問題無關：貪婪的統治者信用不佳，他們需要錢，他們的債券價格必須足夠誘人，所以有些年金可能具有高額回報，這樣才有人願意購買政府債券。在法國，路易國王和他的財務顧問設計各種方案吸引投資者，不計未來成本多寡（這個未來很有可能是等路易自己已不在世上，不必承擔後果才發生）。*

然而，有充分證據表明，有些政府的財政困境是由於年金定價時完全未考慮選擇問題。歷史紀錄表明，年金購買家很容易看出該如何利用政府提供的年金。

與現在不同，過去的年金市場中，人們所購買的年金可視被保險人（稱為「人頭」或名義所有人）的存活狀況，決定是否繼續支付款項，這使得選擇問題更加嚴重。你可以找你的孫女或祖母當人頭，也可以是鄰居奶奶，或是某個住在寧靜法國村莊、生活平靜無憂、可能長命百歲的陌生人，早期的年金甚至沒有考慮到年紀——無論人頭是老公或小嬰兒，年金支付金額都是相同的。[11]

精明的投資者對這些產品的回應，正如經濟學教科書所預測的——他們走遍鄉間尋

* 舉例來說，一七七七年左右，法國開始大肆借款，此後局勢每況愈下，當時有一筆兩千四百萬里弗爾（Livre，法國古代貨幣，當時工人的日薪大約是一里弗爾）的貸款，這份貸款被分成兩萬份，每份一千兩百里弗爾。這兩萬份其實像是彩券，只有一些幸運的買家能從高收益的年金獲得巨額回報。其中一萬五千份「彩券」按直接貸款的方式支付，也就是年利率四%，貸款到期時償還，這是當時私人市場上提供的最低利率。政府已深陷債務危機，信用和聲譽已嚴重受損，交易需要變得更加有利，才能吸引貸款人。所以剩下五千份彩券以年金方式販售，只要指定為年金持有者的人還活著，每年可收到一百五十到五萬里弗爾不等的年金。這五千份年金票券的條款太吸引人了（最高年利率可達四〇〇〇%），以致兩萬份貸款在不到一天的時間全部售罄。資料來源：George V. Taylor, "The Paris Bourse on the Eve of the Revolution, 1781–1789," *American Historical Review* 67, no. 4 (1962): 951–77.

找健康的年輕人，然後投資維護他們的健康。阿姆斯特丹在十六世紀末透過年金募集資金時，超過半數的名義所有人不到十歲，八〇%不到二十歲。兩個世紀後，法國發行與年齡無關的終身年金，名義所有人大多是介於五到十歲、父母非常健康的女孩，這些被選中的女孩都成功活過天花疫情（即使被選人有良好的基因，這也是個變數）。其中一些購買終身年金的瑞士投資者將女孩帶到日內瓦，那裡的空氣「有益健康」，她們的生死和投資者的財富息息相關，帶到瑞士也讓投資者可以密切關注她們。*這種操作非常有利可圖，正如歷史學家喬治．泰勒（George Taylor）所說：「這些終身年金讓投機者致富，讓國家破產。」[12]

當阿姆斯特丹政府在一六七二年再次鼓起勇氣販售年金時，它已經從過去的錯誤中學到了教訓，現在年輕的名義所有人可以領到的年金較低。正如預期的那樣，低於十歲的年金人頭變少許多。[13]事實上，到了十八世紀末，許多（但不是全部）政府已經學會降低年輕名義所有人和女性的給付金額，當時女性的平均壽命已高於男性。

透過人頭的年紀和性別來調查年金給付金額，消除了精心選擇人頭來明顯操縱年金市場的方式，但精明的投資團體仍然能夠找到有利可圖的選擇角度。當英國在一八二九年發行年金，而支付條件對老年男子較為有利時，投資者就會尋找健康的老人。如果名義所有人只活了兩年，投資者將收回初始投資，並賺取三四%的利潤；如果名義所有人能活到三年，投資者的錢就能翻倍。許多人認為蘇格蘭有許多充滿活力的八十多歲老人，因此投機者沿著洛蒙德湖（Loch Lomond）美麗迷人的水岸，尋找最有前途的年金賭注候選人。†就和法國年輕的人頭一樣，被選中的鄉村人士也受到了皇家待遇。正如一位

---

* 這些來自「日內瓦小姐」的收益被捆綁成三十名女孩的證券化資產，出售給投資者。這個想法是，你可以購買三十名女孩資產的一股，投資者就可以避免只買其中一個人時，對方不幸感染麻疹等疾病的風險。你可以將這些視為文藝復興時期的不動產抵押證券，而這些證券導致了金融危機。資料來源：François R Velde and David R. Weir, "The Financial Market and Government Debt Policy in France, 1746–1793," *Journal of Economic History 52*, no. 1 (1992): 1–39.

† 順帶一提，精挑細選蘇格蘭人並不是英國政府在提供年金時所面臨的唯一問題。另一個問題是，當它試圖為老年年金受益人估計預期壽命（以便計算年金的定價）時，它是以過去的資料推論：一個世紀前購買年金的年輕人最終活了多久？這種作法犯下兩個錯誤。首先，九十歲買入年金的人，很可能比三十歲買入年金的人活得更長（畢竟九十歲的人已經活過九十歲了！）。第二，平均壽命在十七世紀已經開始上升，因此使用較早一代的壽命來預測也被證明是有問題的。可悲的是，二十世紀的英國年金公司仍然犯了第二個錯誤，迫使英國政府出手拯救公平人壽保險協會（Equitable Life Assurance Society），這家公司沒有預料到，二十世紀的公共衛生和現代醫學會讓預期壽命增加。正如我們在第一章提到的，選擇畢竟只是困擾市場的眾多問題之一。資料來源：Phelim Boyle and Mary Hardy, "Guaranteed Annuity Options," *ASTIN Bulletin: The Journal of the IAA 33, no. 2* (November 2003): 125–52, https://doi.org/10.1017/S0515036100013404; James Poterba, "Annuities in Early Modern Europe," *in The Origins of Value: The Financial Innovations That Created Modern* Capital Markets, ed. William N. Goetzmann/ and Geert Rouwenhorst (Oxford: Oxford University Press, 2005), 207–24; Ray D. Murphy, *Sale of Annuities by Governments* (New York: Association of Life Insurance Presidents, 1939).

十九世紀的壽險編年史作者所觀察到的，年金投資者到來時，「一些鄉村地區的居民，對他們許多年邁成員突然受到大量關注而感到驚訝。如果他們生病了，外科醫生會花費金錢為他們治療；如果他們貧困，也會為他們安排舒適的生活。」同一位歷史學家也指出，一位投資者甚至雇用醫生來照顧他的名義所有人，支付醫生「一年二十五枚金幣，只要他能保持他的年邁病人活著。」[14]

即使當代最優秀的科學家致力於看似平凡的年金定價問題，年金合約仍存在許多缺陷。[15] 事實上，甚至包括著名天文學家哈雷在內的學者都投身其中。*

## 最早的年金定價方法

哈雷是第一個對年金進行定價計算的人。他從德國布雷斯勞市（Breslau）辛苦蒐集出生和死亡表，以這些數字為基礎進行計算，並在一六九三年出版的《人類死亡率估計》（*An Estimate of the Degrees of Mortality of Mankind*）書中發表。哈雷的方法雖然可靠，但不幸的是，那個時代保險公司甚至連基本的計算機都沒有，很難進行大量計算。[16] 因此，當偉

大的數學家棣美弗也將注意力轉向年金，並以代數公式開發一種近似年金定價的方式，就變得實用多了。†

不幸的是，哈雷和棣美弗雖然是優秀的科學家，但不是優秀的社會科學家。就像幾個世紀後的阿克洛夫一樣，他們沒有意識到自己的計算方法會讓任何使用它們的保險公司破產，因為他們沒有考慮到選擇問題。公平地說，即使他們了解這一點，也可能沒什麼幫助。當時和現在一樣，專家的意見經常被忽視。在十七世紀，荷蘭學者和政治家約翰·德·維特（Jan de Witt）告訴荷蘭政府，他們為了籌集與英國戰爭的資金所出售的年

---

* 除了精算師外，歷史幾乎已經遺忘哈雷的這份工作，而缺乏認可也讓精算師有些不滿。例如，皇家天文學會曾發表一篇文章，紀念哈雷對天文學做出的眾多貢獻，在那之後，精算師傑弗里·海伍德（Geoffrey Heywood，MBE）針對他們未提及哈雷在「精算科學領域的行為」表達失望之情。資料來源：Geoffrey Heywood, "Edmond Halley—Actuary," *Quarterly Journal of the Royal Astronomical Society* 35, no. 1 (1994): 151.

† 棣美弗擅長近似法，他還證明了二項分配可以透過鐘形的常態分配進行近似。棣美弗的《機遇論》（*The Doctrines of Chance*）和其他著作，在隨後幾個世紀中，對統計學家和賭徒來說都非常有用。資料來源：Abraham de Moivre, *Annuities upon Lives; or, The Valuation of Annuities upon Any Number of Lives* (London, 1725); de Moivre, *The Doctrine of Chances; or, A Method of Calculating the Probability of Events in Play* (London, 1718).

金價格太過低廉，但他的同僚們並不理會他的意見。[17]

即使數學家意識到需要依名義所有人的年紀決定給付金額，計算也常常不夠精確。例如，德．維特將所有五十四歲以下的人歸為同一類，因為分開計算會過於繁瑣。將年金受益人按十年為單位合併很常見，因此四十歲和四十九歲的人都會獲得相同的合約。如今，正如你所預料的，公司會根據每個潛在買家的不同年齡，設置年金給付金額。[18]

而且，今日已經不可能再以別人的人頭購買年金。這有助於消除一些較極端的選擇問題：日內瓦的銀行家是當時最精打細算的投資者，他們非常善於利用十八世紀年金販售者設置的任何給付規則，無論這些規則對法國女學生有利，還是蘇格蘭八十多歲的老人。[19] 禁止以他人的生命下賭注，也將年金轉為更像保險的東西，保障九十歲後生活的高昂成本，而不是對五歲孩童健康的樂透式賭博。

如果年金的性質已經改變，部分是因為過去幾個世紀以來，保險和其他任何行業一樣，都變得非常複雜。我們的興趣並不在於路易國王出了名的短視借貸行為，或是十八世紀年金合約中明顯的錯誤疏漏，我們想知道在二十一世紀的年金市場中，選擇問題扮演了多重要的角色。

當今冷靜精明且善於計算的保險公司提供年金時，是否會遇到文藝復興時期金融產品同樣的問題呢？

劇透警告：確實如此。事實上，這不應該令人驚訝。我們已經看到，選擇問題如何為現代壽險市場帶來困擾，年金的情況怎麼會有任何不同呢？年金和壽險只是各自站在生命賭博的對立面，一個賭長壽，一個賭早逝。

## 年金可以保障我們的晚年嗎？

如今，年金市場規模令人意外地小，因為年金本該吸引許多退休人員解決他們面臨的困境。以一位女性為例，她辛勤工作了四十年，並成功存下一些退休金。她退休後應該多快（或多慢）花費她的退休金呢？她是否應該聽從「及時行樂」的建議，或是她應該遵循另一句俗話「未雨綢繆」呢？

假設她謹慎行事，將大部分存款留下來，以備她像卡爾門那樣長壽，必須長時間靠存款維持生活。她冒著早逝的風險，在銀行存下本來可以花在享受豪華郵輪、送禮給孫子女，或是在退休生活中盡情享樂的錢。但如果她只為當下而活，她就會冒著活太久而花光積蓄的「風險」。這聽起來可能很愚蠢——畢竟長壽是好事呀！但如果最終她沒有錢可供明天生活，那可就不好了。

年金提供了擺脫這種兩難困境的方式，並且可以讓退休者享受比其他方式更好的生活水準。為了達成這個目的，年金消除了機會因素——這正是保險應該做的。年金保證只要她還活著，就能每個月得到一筆穩定的收入流。她不需要因「長壽」而節制消費——年金將持續為她提供所需。至少對經濟學家而言，將大部分退休儲蓄投入年金幾乎是不需思考的選擇（此處勾勒出的論點，在許多研究論文中已有詳細且令人信服的細節）[20]。

然而，誰會聽經濟學家的話呢？似乎很少。

幾乎沒有人會主動購買年金。事實上，許多經濟學論文一直在試圖解釋所謂的年金之謎：為什麼沒有更多人表現出經濟學理論所說的行為，將他們的儲蓄轉為年金？[21]至少在這一點上，年金讓經濟學家忙於創造謎題，然後再試圖解決這些謎題。

為何年金如此不受歡迎，有很多可能的解釋，包括但不限於我們將著重討論的選擇問題。如果你問你的父母（或如果你的年齡較大，可以做一些反省），你會發現很多人不想把所有的存款都綁在年金上，然後突然去世，什麼都沒有留給他們的孩子。同樣可以想像，任何傾向針對老年人的產品（財務知識不足的寡婦和退休人士）可能成為金融騙子的肥沃土壤。事實上，聯邦調查局專門為詐騙老年人設立了一個網頁，列舉了詐騙者常常瞄準老人的各種原因。[22]

另一個很少有人購買私售年金的理由是，他們已經擁有年金，無論他們喜不喜歡（甚至是否知道）。如果你的雇主提供定額年金計畫，這意味著一旦你退休，就可以每年收到固定金額的退休金，直到去世。也就是說，你其實已經有年金了。[23] 每個美國人，無論雇主是誰，都有政府提供的年金。第一章所提的社會安全保險，是聯邦政府最大的計畫，它提供年金給每個人，即使通常不是稱為「年金」。請看看你上一份薪資單，上面幾乎一定有一項稱為「社會保險稅」，也就是你這個月為政府年金所支付的費用。作為回報，等你年老退休並提出申請，政府每月會寄一張支票給你，直到你去世。正如我們所說，這就是年金。然而，對於有額外存下退休金的人而言，這是種非常不完整的年金。

你可能認為私人年金很少見，因為雇主和政府已經在某種程度上提供了年金。或者正好相反：雇主和政府提供年金，是因為私人年金市場運作效果不佳。為什麼私人市場不能正常運作？正是因為，選擇問題導致年金價格過高，以至於一般退休人士不想購買年金，接下來我們將會說明這一點。

## 選擇問題真的存在！

回想一下，第二章何岱峰如何檢測壽險的選擇問題：她觀察那些購買壽險的人，是否比其他條件相似但未購買保險的人更早去世。年金也可以進行同樣的檢測，但要記得，檢測的方向是相反的。壽險公司想要避免那些接近死亡的客戶，而年金銷售商則想要避免那些身強體壯、長壽的客戶。我們只需要觀察整個人口及購買年金者的存活率即可。

從前，這是很難做到的。哈雷在建立啟蒙時代死亡率表時，只能手工計算，而且只能針對一個德國城鎮進行，因為那裡對生命表的紀錄和保存非常仔細。[24]

今天，美國政府提供整個國家詳細記錄和儲存的生命表，任何有網路的人都可以查詢使用。你想知道平均而言，一個七十五歲的人可以預期活多久嗎？或者七十五歲的人有多少機會活到七十六歲生日？（這個答案會因為性別而有所不同。）這些數據可以在美國社會安全局（Social Security Administration）的年度報告中找到。[25]

社會安全局在確保預測準確性方面承擔很大的風險：請記住，政府透過社會安全保險系統為每個人提供年金。就像一家年金公司的成本取決於客戶的存活時間一樣，聯邦政府的支出很大程度上取決於人口的平均壽命，從而決定透過社會安全保險支付的金額，這部分在聯邦預算中所占比例越來越大（二〇一九年占近四分之一的聯邦總預算）。[26]

因此，政府的統計資料詳細列出了整個人口的死亡率，並按年齡和性別分門別類。我們可以將這些資料大致看作是那些未購買年金者的死亡率，因為真正購買年金的美國人口比例非常小。對於那些購買年金的人，可以使用精算師協會提供的數字：購買年金者的死亡率（同樣照年齡和性別區分）。[27] 它們提供這些資料，是為了幫助保險公司設定年金價格，這些資料可能會讓十七世紀的哈雷大吃一驚。

將購買年金的人與其他人的死亡率進行比較，結果正如我們預期，年金市場受到逆選擇的影響。在任何一年，購買年金者的死亡率都比一般大眾低。換言之，選擇購買年金者是對於保險公司來說比較昂貴的被保險人，其間的差異是相當大的。

根據經濟學家波特巴和亞當．所羅門（Adam Solomon）的計算，六十五歲男性年金購買者的一年死亡率，是整個六十五歲男性人口的一半。[28] 即使是年齡高達九十五歲的人，購買年金者和非購買年金者的死亡率仍存在差異，儘管差異較小；購買年金的九十五歲男性，一年死亡率約比一般九十五歲男性的死亡率低四分之一。

細細思考這件事後，真的非常驚人。對於百歲人瑞，生命有許多種結束方式，結局往往來得突然又不可預測，現代醫學也無法干預。然而，即使是非常年老的人，也明顯能預感生命什麼時候會結束。無論原因為何，年金持有者在任何年齡段的較高存活率，直接導致保險公司為提供客戶保障而產生的成本，比保障非年金客戶的成本更高。*

因此，保險公司需要以只有最健康的人會購買年金的情況來定價，這就是選擇問題會推高保險價格的原因。這也意味著，年金對於一般退休人士來說往往是不划算的交易。相較於比較年金持有者和非年金持有者的存活率，計算這個交易有多不划算更為複雜。的確，一個人活得越久，保險公司需要支付的年金也就越多，因此保障那個人的成本就越高。但客戶的成本也取決於利率。†

波特巴和所羅門已經辛苦地計算出年金成本和保險公司收取價格之間的差距，他們預估，到二〇二〇年，保險公司在年金客戶上的獲利約八%，這是合理的，因為還要考處計算、銷售和管理保險產品的成本。但如果人口中的一般人（而不是比較健康的年金購買者）購買年金，利潤將增加一倍以上（約二〇％），因為一般人的平均餘命要短得多。

這一切都可以解釋為什麼我們的父母（以及他們同齡的大多數人）不購買年金：對買方來說，這是一個不划算的交易，但對保險公司來說卻非常划算，除非你比平均水準更健康（而且自己知道）。

到目前為止，我們大多將企業視為市場上有些被動和無知的旁觀者，可能會被更聰明的顧客欺騙。但利潤的誘惑和虧損的威脅可以成為強大的動力，讓企業尋找更好的方法，解決客戶私有訊息的問題。這就是企業所做的。在第四章和第五章，我們將描述保險公司

---

* 你或許會認為，如果相對體弱的投保人能夠輕易地向年金提供者表明狀態，就可以獲得更划算的交易。雷的叔叔在三十多歲時第一次心臟病發作，他的祖父在六十多歲因冠心病去世，因此，他應該得到比他妻子更好的交易條件，因為妻子的祖母莉兒活到九十多歲。但除了少數例外，年齡和性別是確定年金支付金額的唯一標準。為什麼保險公司在銷售年金時不詢問更多資訊，我們將在第四章進一步討論。

† 利率很重要，因為一個人總是能選擇不購買年金，只把錢放在銀行裡，靠利息生活。直覺上，年金支付金額應該略高於市場利率：如果錢存入銀行，你的原始存款（本金）保持不變，而保險公司卻能拿走你為年金支付的任何款項。利率越高，保險公司就越可以用年金預付款在銀行產生的利息來支付未來的成本。然而，保險公司支付給年金持有人的現金，無論病弱或健康的持有人，利率都是一樣的。因此，儘管利率對價格和利潤很重要，但對於我們的選擇故事來說並不重要。

為了更了解潛在客戶的預期成本所做的努力，從咖啡廳裡的八卦到大數據的應用，以及在設計合約時許多具有創意的方式，試圖讓客戶（也許不知不覺地）透露自己的祕密。

解決選擇問題不僅是企業的責任。市場失敗時，政府也可以介入救市。在本書的最後部分，我們將看看政策制定者提出哪些解決方案，且最重要的是，這對被迫遵守政府規定的企業和客戶意味著什麼。

# 第二部

# 對抗選擇問題

# 第四章
# 保險公司如何知道你的祕密——怎樣的保險價格才合理？

歷史上第一件有文字紀錄的交通事故罹難者為布里琪·德里斯科爾（Bridget Driscoll）。一八九六年八月，她在倫敦水晶宮被一輛正在進行試乘的賓士車撞倒身亡。根據證人的說法，這輛汽車行駛得「非常魯莽，就像消防車一樣」。事實上，這輛車的最高速度為每小時八英里（約時速十二·九公里），且因為安全因素，進一步改裝降至每小時四英里半。[1]

在德里斯科爾女士不幸逝世僅三個月後，第一份汽車保險合約緊隨其後出現。* 即使最早期汽車的安全性和馬車不相上下，但汽車行駛的距離更遠，且因為二十世紀初期汽車普及度大幅提升，因此與車輛相關的死亡事件也迅速增加。一九〇〇年美國發生了三十六起汽車死亡車禍，一九二〇年有超過一萬兩千人因交通事故而受傷或死亡[2]。受害者多半是路人，而非駕駛者，而他們唯一的救濟方式就是對肇事者提出訴訟，以求得賠償痛苦、損失和影響生計的金額。駕駛人需要保險以支付他們自己未預期的費用，並且補償其他受害人。

美國第一份汽車保險合約於一八九七年由旅行者財產事故保險公司（Traveler's Property Casualty）簽發給麻薩諸塞州西田的吉爾伯特．盧米斯（Gilbert Loomis），保險對象為他自己製造的汽車。盧米斯的保費為七．五美元，理賠金額一千美元，理賠項目包括由他駕駛導致的損傷、死亡或他人財產損壞之責任保障費用。當旅行者保險公司開始大量簽發汽車保單時，僅參考汽車馬力決定保費多寡。[3]

相較於壽險和年金，汽車保險的歷史研究十分缺乏。因此，雖然我們不能確定，但可以推測接下來的情節，將是我們已經熟悉的故事線。最差的司機會購買最貴的保險，

* 載具保險比汽車保險早了幾十年，畢竟，馬車本身對騎手和行人都存在重大風險。一八二〇年代，第一份馬車賠償保險出現於巴黎，並迅速蔓延到法國其他地區，因為拿破崙法典規定馬車所有者若對他人造成損害，必須負擔責任。今日仍能買到馬車保險，馬車比現代汽車危險多了。資料來源：Robert M. Merkin and Jeremy Stuart-Smith, *The Law of Motor Insurance* (London: Sweet and Maxwell, 2004); American Exchange and Review, *Insurance and Its Collateral Sciences* (Philadelphia: Review Publishing, 1901).

可以帶來高額的保險給付，接著需要提高保費來彌補這些損失，接著又出現更高的理賠款和保費。盧米斯可能從一開始就參與了這個循環過程——他的汽車是由同名的盧米斯汽車公司製造的，據報美國鋼鐵大王安德魯．卡內基（Andrew Carnegie）沒有投資該公司，就是因為盧米斯製造的汽車太危險了。[4]

如今，駕駛人保險的業務變得更加複雜。試試在任何一家大型保險公司的網站上索取報價，你就會明白我們的意思。[5] 首先，駕駛人可以根據他們對不同風險的容忍度來自訂保險範圍，擔心昂貴訴訟費用的駕駛人可能會願意支付額外保費，補足超出保險範圍外的受害者費用，而這通常遠低於嚴重事故所產生的開支。無論肇事責任在誰，保險公司對駕駛人本身因此意外產生的醫療費用、車輛損壞和人身傷害的自負額（在保險公司支付任何事故費用之前，自己必須支付的金額）都有不同的選擇。

選擇越多越好！反應靈敏、希望將利潤極大化的企業為滿足不同偏好的客戶，會提供不同的商品，以免他們開始尋找其他選擇。為什麼每個人都應該買一模一樣的保險，而不管他們對風險的感受、或是用於管理風險的財務資源有多少呢？

沒錯，但只要有選擇，就有機會作出選擇。儘管所有駕駛人至少都需要購買「第三方」責任險，以提供最低金額補償給受害者或其親人，但仍然可以選擇對人身傷害或保險人車輛損害的給付範圍。[6] 就像在前一個例子裡，問題在於「壞」（即昂貴的）客戶會購買壽險或年金，而「好」客戶不會。對於汽車保險而言，問題在於不良顧客（例如魯莽和粗心不留神的駕駛人）會買更多的保險；而謹慎或很少開車的駕駛人，則更傾向於選擇基本的第三方責任保險。

保險公司該怎麼辦？在接下來的兩章中，我們將試著回答這個問題。結論是，它們可以在設定「正確」價格的工作上努力做得更好，或重寫合約，以吸引更多「好」的顧客，減少「壞」的顧客。

在本章中，我們將著重討論保險公司是否能夠設定「正確」的價格。如果保險公司有辦法辨識出哪些顧客比其他人更有可能發生事故，那它們便可以相應地設定保險費率，每個人都可以按照自己發生事故的機率，購買他們想要的保險，並支付相應的價格。因此，拯救市場之路可能需要更好的資訊：更多的資訊可以讓保險公司設定更好的價格，進而建立一個對所有人而言都更健全的市場。

這就帶來你在填寫汽車保險申請表時會遇到的第二組問題：表上問題和合約無關，

而是和你有關。保險公司在提供合約之前，會非常努力地蒐集盡可能多的相關細節（例如，如前所述，要求查看你的信用紀錄的權利），這樣他們才能向花費更高的客戶收取更高的價格，並以較低的價格為較便宜的客戶提供全面的保險。

我們將探討保險公司蒐集的資訊種類，以及它如何幫助減少選擇問題，與在實踐中代表的意義。同時，我們也會討論這種方法的局限性：有些類型的資訊很難蒐集，有時保險公司會決定不使用手上所有資訊來預測客戶的成本，即使這意味著設定的價格可能會不太準確。

明確地說，保險業對其高階主管和股東來說是好是壞，在我們看來並不重要，他們可能會變成億萬富翁或乞丐，都不關我們的事。我們只關心保險公司保持事業處於盈利狀態的能力，只有這樣，它們才能讓數百萬的客戶透過保險保障獲得心安。要了解它們多年來是如何做到這一點的，我們可以再次回到保險業的萌芽期。首先將探討海洋保險公司如何成功取得足夠的資訊，以在嚴重的選擇問題下仍能屹立不搖。在十七世紀的海洋航行中，誰最想買保險？那些船身木材朽爛，且船長是酒鬼的船員。

## 用更好的資訊拯救保險市場

早在汽車保險之前，保險業就想蒐集更多關於潛在客戶的資訊，這種要求可能和保險業本身一樣古老。它的歷史可以追溯至十七世紀晚期，倫敦著名的勞伊德咖啡館（Lloyd's Coffee House）在塔街（Tower Street）開業後，那裡很快成為保險業者交換全球航運狀況八卦的聚會場所。

許多讀者可能已經猜到，勞依德咖啡館就是保險巨頭倫敦勞合社（Lloyd's of London）的發源地。但沒什麼人知道，勞合社其實不是一家保險公司，相反地，它是一個平台，由多家保險公司聯合起來，為那些無法符合好事達保險或前進保險（Progressive）等標準保單的風險提供保障。許多保險需求牽涉到廣泛且難以量化的不確定因素，沒有任何一家保險公司願意擔負全部風險。勞合社的聯合保險團在一九三〇年代為著名女子偶像貝蒂・葛萊寶（Betty Grable）的腿部提供了保險・，在一九七〇年代，又為吻合唱團（KISS）的主唱吉恩・西蒙斯（Gene Simmons）令人驚艷的長舌頭提供了一百萬美元的保險，並為萬人迷歌手湯姆・瓊斯（Tom Jones）引人注目的胸毛提供了五百萬美元的保險。

勞合社於一九六五年開始承保太空衛星，比阿姆斯壯邁出人類歷史上的第一步還早了很多年，當時，它們對世界上第一顆商用通訊衛星——國際衛星一號（Intelsat I），簽下了一份八百五十萬美元的保單*。

在十七世紀，勞合社顧客的關注點並非天空，而是海洋。在早期，這家咖啡館只是一個供商人、水手和船主交易海洋保險的場所。其中有些風險是顯而易見且容易評估的：如果一艘船在八月駛入西印度群島，遭遇颶風的機率比幾個月前高，也比航行路線較偏北的行程高。[7]因此，保險合約會明確規定船舶的具體航行時間和路線。然而，船隻在遭遇暴風雨、戰爭、海盜等危險時，能否倖存下來並安全地交付貨物，則取決於其他更難觀察的因素。

正如經濟史學家克里斯多福．金斯頓（Christopher Kingston）在他對現代海洋保險發展的描述中所解釋的：「船舶裝備不良、船身木材腐爛或船員缺乏經驗，很難在暴風雨中生存下來。」就像幾個世紀之後的汽車一樣，駕駛人的技能和清醒程度是另一個重要的風險因素。金斯頓指出：「船長不稱職或酗酒的船隻，更有可能擱淺或錯過預定的目的地。而敢於迎風航行的船隻，更有可能逃離敵方武裝掠奪船。」船長的飲酒習慣、船隻老化程度和船員素質，對潛在承保人而言都是難以評估的因素，但船舶所有者很有理由更加清楚。金斯頓解釋道：「商人通常對某些風險更為熟悉，並且有動機隱瞞負面的私有訊息，以盡力保持低廉的保費。」[8]

咖啡館企業家勞依德的天才之處，在於促進海商和保險業者這些常客在店裡積極交流資訊，他們通常是一個圈子的人——誰能比海商自己更了解航運風險呢？哪個船長是酒鬼，海盜潛伏在哪個公海上，大部分資訊可能是來自客戶本身。在咖啡館的客人當中，可以找到具有相關專業知識的人來評估任何可能的航程。勞依德先生透過蒐集資訊，讓他的咖啡館變得不可或缺；他雇用跑腿人沿著碼頭蒐集最新的船運消息，並建立

---

* 這實際上是兩份保單：三百五十萬美元保障發射前衛星的損壞，以及五百萬美元用於賠償在發射過程中對旁觀者造成的損害。資料來源：Claire Suddath, “Top 10 Oddly Insured Body Parts,” *Time*, September 1, 2010, http://content.time.com/time/specials/packages/article/0,28804,2015171_2015172_2014872,00.html; Jay MacDonald, “8 of the Weirdest Insurance Policies,” *Fox Business*, January 12, 2016, https://www.foxbusiness.com/features/8-of-the-weirdest-insurance-policies; “Report: Tom Jones Has Chest Hair Insured,” *New York Daily News*, February 5, 2008, https://www.nydailynews.com/entertainment/gossip/report-tom-jones-chest-hair-insured-article-1.308721; Piotr Manikowski and Mary A. Weiss, “The Satellite Insurance Market and Underwriting Cycles,” *Geneva Risk and Insurance Review* 38, no. 2 (September 1, 2013): 148–82, https://doi.org/10.1057/grir.2013.2.

了一個付費情報員網絡，讓他能得到其他港口的八卦消息。若有資訊到來，就會有人站到咖啡館一側的講台上宣布。[9]

## 從咖啡館到電腦的資訊來源

從保險業依賴咖啡館的八卦來簽訂保險合約以來，迄今已經取得長足的進步，但基本原則仍然存在：保險公司能蒐集到越多申請人的資訊，越能嘗試克服客戶的資訊優勢，並減少在不知情的狀況下承保高風險客戶的機率（並收取適當的費用）。

汽車保險提供一個案例研究，說明企業如何在現代透過更好的數據和更好的定價方式，來解決自己的選擇問題。一八九七年，保險只看馬力，而不是司機。一九〇八年，美國羅德島州成為第一個確認車主是否擁有駕駛能力才允許其開車上路的州，只有通過測試的人才能取得駕照。[10] 不久之後，駕照也成為保險的必要條件。在一九五〇年代，隨著青少年開始迷戀汽車，我們也很快地明白，迷戀汽車的青少年並不是最好的司機。一篇一九五九年的文章將汽車形容為「青少年越軌的武器」，並根據該年的統計數據報導，每八起致命車禍中至少有一起涉及青少年。因此，相較於中年婦女，青少年的保險費率更高（但若是青少年參加當時剛開始普及的駕駛培訓課程，可以降低一五％的保險費）。[11] 如今，線上申請保險也需要先回答頁面上的詳細問題，才能獲得報價。

現在，汽車保險公司可以透過要求申請人提供的資訊，非常精確地評估駕駛人的風險。即使在大數據時代到來之前，二〇〇五年《商業周刊》（*Businessweek*）一篇文章描述了好事達保險的轉變，從以申請人屬性分成三個價格層次，到依據大量申請人屬性而定的一千五百種不同價格。[12] 許多屬性自然和客戶的駕駛紀錄直接相關，表明他們是謹慎還是粗心，安全意識強還是魯莽——例如他們是否有很多超速罰單，或有擦撞歷史。其他屬性則與駕駛人特質的關聯不那麼明顯，例如申請人的信用等級。即使考慮到報導可能言過其實，好事達保險和其競爭對手在依個別客戶的特徵和行為量身定價方面，顯然已經比二十世紀初期的旅行者保險公司，只根據汽車馬力訂定費用更成熟。

出於好玩，我們嘗試在幾個不同的州申請汽車保險（是的，我們對好玩的概念很奇怪）。我們完全預料到會有一長串問題，但還是對申請表的長度和侵入性感到驚訝。用問卷評估我們遇到意外的可能性，似乎是一種自然且公平的方式，所以當它們詢問我們的年齡、性別、駕照持有時間，以及大量有關我們的汽車、用車目的，以及可能用車的家庭成員等問題時，我們並不意外。同樣地，申請表中包含了非常詳細的問題，涵蓋了所有機動車事故或違規行為（根據我們試過的州份，可能追溯到五到十年前），也在我們意料之中。過去常常是未來的最佳預測指標：在過去幾年中有多次超速罰單或小事故的駕駛人，未來更有可能發生事故。

然而，有些問題似乎與事故風險沒有直接關聯——例如家庭中某人的最高教育程度（可悲的是，博士的保費似乎沒有比較低）、我們的成績、我們是否擁有或租用房屋，或我們的婚姻狀況。有些問題似乎有點詭異：國家農場保險公司（State Farm）在提供汽車保險報價前，想知道我們最近是否出過車禍，這點理所當然，但是為什麼它還需要我們的學業成績平均點數（Grade Point Average, GPA）和社會安全號碼呢？[13]

這是因為公司喜歡任何可能與你的保險費用有關的訊息。儘管它們從你的駕駛紀錄、車款和里程數中獲取了一些資訊，但對你可能申請理賠的成本仍然存在很大的不確定性。結果發現，那些看似與駕駛無關的資訊（例如房屋被查封或破產等財務問題、犯罪紀錄，甚至你的成績）可以幫助減少這種不確定性。榮譽榜上的學生通常比懶散的學生更加謹慎且有前瞻性，這就是成績平均分數達到B以上的學生能獲得「好學生折扣」的原因。*

自一九九〇年代中期以來，汽車保險公司一直使用個人信用評分為客戶設定價格（至少在允許它們這樣做的州——後文會更詳細談及此事）。一開始，這讓人感覺奇怪，甚至有些陰險，報紙也報導了類似的故事，例如德州有位女子儘管具有良好的駕駛紀錄，但汽車保險公司只願以高於標準的費率提供保險給她。[14] 原因是什麼？因為她八年前曾申請破產（因為「一點房地產問題」）。這篇報導甚至指出她從未正式宣告破產——她在破產法院裁定前就成功償還了債務——但她的信用報告中這個將近十年前的「汙點」，足以導致更高的汽車保費。為什麼？因為保險公司發現，有財務問題歷史的人往往會提出更多汽車保險理賠。因此，儘管和駕駛能力沒有直接關聯，不良的信用紀錄可能會提高你的汽車保險費用。

* 根據《紐約時報雜誌》（*New York Times Magazine*）的一篇報導指出，一九五〇年代的優秀學生其實不太想要車子，在接受調查的成績優秀學生當中，沒有人擁有汽車；而成績差的學生中，有七一％擁有汽車。一位可能來自後段班的學生說：「如果我有三個願望，第一個便是來到十六歲並擁有一輛車。」電影《火爆浪子》（*Grease*）在描述當時高中生活方面大致是準確的。資料來源：Dorothy Barclay, "A Boy, a Car: A Problem," *New York Times*, November 22, 1959, https://www.nytimes.com/1959/11/22/archives/a-boy-a-car-a-problem.html.

## 這些調查出來的資訊都有用嗎？

你或許可以想像，汽車保險公司調查了你過去種種細節，並將相關資訊輸入其專有的演算法系統時，它已經知道了你申請理賠的可能性，甚至比你自己預測得還準。大數據出現了，保險市場不再因選擇問題而導致崩盤，真是好消息，對吧？

別那麼快下結論。研究人員發現，即使輸入大量數據，也調查了背景，汽車保險市場中仍存在大量的逆選擇。例如，以色列的一項研究發現，在保險價格相同的條件下，選擇保障較多且經驗老到的駕駛人，比選擇保障較少的駕駛人更有可能發生交通事故。同樣的基本模式在其他國家也有紀錄。[15]

如果你稍微反思一下，對於經驗老到的駕駛人來說，汽車保險中的逆選擇情況特別嚴重，也就不令人意外了。初學者的開車技術還不熟練，更重要的是，他們還沒有時間去了解他們與其他新手駕駛相比，是否特別笨拙。

當然不是說那一頁頁的數據毫無用處。實際上，以色列汽車保險市場的研究發現，選擇高保障的有經驗駕駛人的平均理賠金額，比選擇低保障的駕駛人約高三分之一，但在研究人員校正保險公司為訂定保費而蒐集的駕駛人、車輛相關資訊後，這個差距縮小約九〇%。換句話說，詳細資訊和進階定價演算法能排除大部分的選擇問題。然而，還是有些選擇問題存在——即使是有相同駕駛紀錄的人，知道自己只是僥倖沒發生過小車禍的魯莽駕駛人會購買更多保險，而知道自己只是倒楣的謹慎駕駛人購買的保險較少。

也就是說，無論數據科學為保險公司帶來什麼優勢，這些申請人依然隱藏了一些不為人知的問題。例如，當艾咪還在攻讀研究所時，她已經有超過十年的無汙點駕駛紀錄，因此，她在接近三十歲購買第一輛車時被評為優秀的司機，並獲得了最低的汽車保險價格。然而，她承認自己是位可怕的駕駛（每個認識她的人都這麼認為）。艾咪知道什麼，而保險公司卻不知道呢？作為十七歲的曼哈頓人，她考取駕照只是為了滿足母親的要求，將其視為一種「寶貴的身分證明」，她只學會足以通過考試的路邊停車和方向燈知識；在她依母親命令取得駕照後，近十年都沒再開過車，因此她對路邊停車和斜向停車只有模糊的記憶，更不用說真的開車或是……安全駕駛了。

艾咪的案例說明，倒楣的保險公司要承受更高的風險，但私有訊息也可能透過其他方式影響保險。利倫曾大聲抱怨說，他的大兒子夏利去離他家開車約十分鐘路程的史丹佛大學（Stanford University）時，家庭汽車保險費並沒有降低。利倫發誓夏利再也不會駕駛他們的任何一輛車——在家庭會議裡已經協議好讓弟弟耶利專用那台車。但保險公司有項嚴格的政策，即生活在距離父母一百英里以內的大學生，仍然被算作保險的一部分。如果利倫想要保留這輛車，他必須支付高額保費，因為這代表不僅有一個、而是兩個青少年可能會駕駛這輛車，即使實際上只有一個人會用車。

艾咪和利倫的故事或許聽起來有點特殊，但是每個人都有自己的古怪之處，對吧？保險公司很難蒐集某些駕駛人的歷史資料。讓我們再回到艾咪和她的「無汙點駕駛紀錄」。沒有網站記錄某人開了多少里程數，公司甚至不會問你過去十年開了多少英里（誰能記得呢？而且除了一些古怪的紐約人，誰會拿到駕照卻不開車？）。

事故會留下公開紀錄，因此，如果你想從好事達保險轉換至前進保險，好讓汽車保費重新計算，這樣是行不通的。前進保險可以查閱事故登記資料庫，以確保你說的是實話。感謝經濟學家阿爾瑪．寇恩（Alma Cohen）的研究，我們才知道這些公開紀錄的重要性。她在以色列國家事故數據庫建立之前，研究了汽車保險客戶的行為。無論是故意還是選擇性遺忘，保險申請人對於他們過去意外事故的報告都低估了七五％。既然原本的保險公司知道了客戶的事故紀錄，易發生事故的駕駛人就有了在新公司重新開始的動機。這種事也確實發生了：寇恩發現換保險公司的客戶往往有較差的理賠歷史（新公司看不見這些），而堅持原有保單的客戶則相對較好。換句話說，曾經發生車禍的駕駛人會藉由轉換至另一家保險公司來「逃避紀錄」。[16]

不過即使有公開的事故紀錄，還是有些和駕駛風險相關的客戶特質難以取得，或取得成本太高。因此，儘管保險公司可以透過數據抓出九〇%的事故風險，顧客仍有根據私有訊息來進行選擇的空間。

## 無論花多少錢都買不到保險

就保險公司未能蒐集足夠客戶資訊，以消除逆選擇的情況而言，或許最引人注目的例證是大量拒絕承保：許多申請（或可能申請）保險的人，被所有保險公司拒絕保障。換句話說，並非每個人都能購買保險；許多人（誤用消費者權益代言人——律師拉爾夫・奈德〔Ralph Nader〕的話）「無論花多少錢都買不到保險」。[17]

你可能認為計算因條件不合格而無法獲得保險的人數很簡單。其實不然，你不能只看申請人被拒絕的比例，因為知道自己沒有機會得到批准的申請人，甚至連申請都不會。

經濟學家奈森．亨德倫（Nathan Hendren）在他的博士論文中，找出了一個解決此問題的聰明方法。[18]他取得了幾家保險公司的指南，上面列出了它們的保險經紀人決定是否拒絕（或至少不建議）承接申請者壽險、殘廢險和長期照護險的條件。例如，過去有中風病史，就會自動拒絕壽險和長期照護險；任何曾住過護理之家的人也買不到長期照護險；而許多疾病是否在保障範圍內，取決於疾病的具體情況——例如食道癌是可以接受的，前提是最後治療日期至少在四年前。有些標準則留給醫生或保險經紀人自行判斷，例如對於食道癌，持續體重下降列為被拒絕的理由，但並未明確說明是依據過去的一個月還是一年內的體重減輕程度。

然後，亨德倫將這些拒絕標準，與一份數千名五十五歲以上美國老年人的調查數據（包含詳細的健康狀況）進行對比，藉由結合這兩組資料，亨德倫可以確定一個人申請保險時會得到什麼樣的待遇——一定會被拒絕、幾乎可以確定被接受，還是介於兩者之間。最終，亨德倫得出結論，許多可能需要保險的人如果嘗試申請，都無法通過：在他的樣本中，接近三〇%的人不符合長期照護險的要求，近二〇%的人無法獲得人壽保險。可以買到保險的比例也很相似——長照險為三〇%，壽險為二〇%。剩下的人（大部分的人）處於灰色的中間地帶，或許可以，或許不可以。

拒保並不罕見，也是尋常的經歷——對於五十五歲以上的人來說，這是非常普遍的。這種情況也不僅限於人類。儘管亨德倫在他的學術研究中沒有提到，但我們已經看到那些老邁的狗，或有特定健康狀況的狗也不能獲得保險。

你的第一個反應可能是，「這很合理！為什麼要讓已經生病的人投保？」我們用問題來回答問題：為什麼不提供高價的保險，反映那些客戶未來預期的成本呢？畢竟，即使過去中風過的患者，仍可能過著無須協助的生活，而有些人最終都得在護理之家度過餘生，為什麼不讓這類高風險人群共同分擔風險，支付相對高額的保費獲得保險，以預防護理之家的開支可能導致其財務破產？

相反地，他們根本買不到保險。花多少錢都不行。

這是令人困惑的，因為計算癌症患者和中風患者未來的醫療費用，並依此設定保費，實在不該如此困難。為什麼大數據無法解決這個問題，讓那些已有健康狀況的人、和那些可以出售保險來賺錢的公司都受益呢?事實證明,這個最棘手的選擇問題,需要深入了解潛在客戶的內心深處,而不僅僅是他們的醫院紀錄。如果這聽起來有點模糊,我們用亨德倫的說法來深入解釋。

## 永遠測不出來的訊息:一個人會做出什麼醫療決定?

亨德倫提供了這個問題的答案。他認為,儘管壽險公司蒐集了大量訊息,但患有某些健康狀況的人知道有關未來成本的一些事情,保險公司從醫療歷史或體檢中卻無法得知。因此,他們不僅需要花費更多金錢來照顧自己,而且還能更清楚地知道未來照顧自己所需的費用,正是這種內線消息,導致了既有疾病保障市場的崩潰。

要理解亨德倫的理論,思考極端案例是很有用的:考慮是否接受癌末昂貴且痛苦的化療,換來微小的緩解機會,是一個煎熬的決定。如果你問我們會怎麼做,我們也不知道,作為五十多歲的健康人,我們從來沒有必要思考這樣的情況,也沒有真正的基礎來權衡成本和收益。治療實際上會有多痛苦?我們如何面對生命終點的決定?

相對而言，已經罹患癌症的人更加珍惜現有的治療選擇，並且更清楚知道自己為了獲得存活的機會，願意付出多少。在困難的計算後，不同的人會有不同的決定，這個結果對於已同意提供保險的任何保險公司，都會產生明顯的財務影響。（這很像第二章討論的困擾寵物保險的選擇問題。有些人能心平氣和地面對自己小狗的死亡，有些人會將寵物匆忙送到犬科加護病房急救，無論代價如何——不管獸醫帳單多少或小狗承受多少痛苦。保險公司無法分辨這兩種客戶。）

現在讓我們想想，保險公司若想要為患有相似診斷的癌症患者，提供相關保障時會遇到的問題。雖然在公司的統計學家眼裡看來相似，但不同的患者可能會選擇非常不同的治療方案。有些人可能決定採取積極的治療選項，有些人可能選擇退出這場漫長而痛苦的戰鬥。病人的醫療費用將會有很大的差異，儘管他們的預後（prognosis）相似。

這基本上就是標準的選擇模型，在這種模型中，成本差異取決於申請人是否願意選擇積極的治療方式，而非整體健康狀況，但保險公司無法觀察到他們的意願。因此，市場容易陷入第二章所描述的相同混亂：希望採取積極治療的病患購買保障；希望退出治療的病患不買；保險公司的支出高於預期，如果為了補償支出而提高售價，只會讓情況變得更糟。

亨德倫的論點有兩個關鍵要素。首先，正如他所說，保持健康只有一種方法，但生病的方式有很多種。因此，患有癌症、心臟病和其他無法保險的病患，對保險公司的成本存在很大的變異性。運氣好一點的話，一個心臟病患者只要服藥、注意飲食並定期鍛鍊，就可以保持健康、免於住院。反之，他很有可能頻繁進出醫院，最終需要進行多次心臟繞道手術，產生數十萬美元的費用。同樣地，在癌症患者選擇放棄積極治療時，保險公司的支出成本就不高，畢竟許多化療藥物的每月費用高達數萬美元。

其次，亨德倫論點中同樣重要的是，患有心臟病和癌症的患者，比健康人更清楚自己未來的醫療費用可能會是多少。在亨德倫的模型中，當病患清楚知道自己未來的醫療費用，且預期未來花費不高的人選擇退出保險，這個保險市場就會瓦解。雖然藍十字保險公司（Blue Cross）可以輕易發現你過去是否曾經患有癌症，但要找出你傾向於接受臨終關懷或是密集的化學治療，可能非常困難，或許甚至不可能。

亨德倫不僅在他的博士論文中提出了拒絕理論，還以巧妙的方式測試了這個理論。他採用調查問卷蒐集人們現有的醫療狀況，同時也詢問了一系列與受訪者未來相關的問題，包括他們認為自己在未來十年內生存下來的機率。

亨德倫發現，患有無法投保的既往病史（即會導致拒保的醫療狀況）的受訪者，可以準確地預測自己的死亡；事實上，他們的預測比精算師使用的模型更準確。除非保險公司可以雇用讀心師來輔助統計師，否則仍然會存在私有訊息，對患有既有病症（如中風或癌症）的人提供保險時就可能賺不到錢。

此時，你可能會好奇為什麼有些人最終無論用任何價格都無法買到保險，而其他人可以在保險公司明知保障對象是（在它們看來是）壞客戶的情況下，只要付「過高」的價格，就可以買到保險？正如選擇的一般性問題，這是一場角力賽，客戶對保險的重視程度以及保險公司的預期支出在互相競爭。對於像白血病這樣的疾病，當私有訊息占有主導地位，保險公司就不會為患者提供保障。對於像食道癌這樣的疾病，將風險轉嫁給保險公司的價值，超越了潛在客戶可能擁有的自我認知，所以病患還是買得到保險。

## 面對三緘其口的客戶

有些祕密是大數據永遠也無法發現的，還有一些祕密的挖掘成本太昂貴，即使技術樂觀主義者並不這麼認為。跟許多其他領域一樣，發掘資訊將因更大、更好的電腦和演算法而變得免費，或至少價格非常低廉，但這種說法可能誇大了。有時候，他們的預測確實成真了，但新技術只會吸引科技樂觀主義者，其他人則覺得反感，或覺得侵犯隱私——寧願多付一點保險費，以換取保險公司不干涉我們的事情。

讓我們回到艾咪的「祕密」，她是一名糟糕的司機，但由於她幾乎不開車，因此沒有發生事故。只要她繼續讓樂於助人的丈夫接送，或是自己騎自行車，那麼保險公司繼續對她收取低保費也沒有問題，她過去的事故率足以預測她未來的事故率。然而，假設她開始駕車通勤上班，就保險公司而言，艾咪的駕駛紀錄一塵不染，仍然是一位優秀的駕駛。但艾咪知道她的預期成本增加了一個等級，並可能主動調整她的保險範圍。

解決艾咪的風險被錯誤歸類的問題，一個看似理所當然的解決方案，就是按駕駛里程收取汽車保險費。這個想法已經存在了一段時間：諾貝爾經濟學獎得主威廉・維克里（William Vickrey）於一九六八年在針對拍賣設計的研究中，列舉了按里程收取汽車保險費用的優點。[19]在當時，這仍處於理論探討階段，按英里計費的保險可能是不切實際的，它要求至少定期與公司核對里程表，這太貴也太麻煩了。同樣的情況也可以應用在每月追蹤健康狀況：它能提供更詳細的訊息，但這也不值得——花費太高，而且麻煩。

如今，我們無法輕易解釋為什麼還沒有按里程計費的保險方案。現在已經可以在汽車電腦中安裝行車記錄器，不只能捕捉你行駛的距離，還可以記錄駕駛時間、地點和駕駛方式。你超速了嗎？經常猛踩煞車嗎？是在尖峰時段開車（有很多車輛可能會相撞），還是在中午或凌晨兩點開車呢？在凌晨兩點開車的時候，附近沒有其他車輛，但你可能會打瞌睡。*（行車記錄器可能有助於改善選擇問題，對於經常開車和必須在交通尖峰期通勤的司機收取較高的費用，同時也能約束不良駕駛行為：同一位駕駛人可以選擇放慢速度，或在不同的時間出門，以降低其保險費率。）†

---

* 你的智慧型手機也可以輕易取得這些數據，手機也和行車記錄器一樣具有「遠程資訊服務」，此外還能偵測開車時的手機使用情況，這也是事故的重要預測因素。當然，只要買一部便宜的手機並把它留在家裡，就可以輕易地戰勝保險公司。資料來源：Alicja Grzadkowska, "Harnessing the Power of Telematics through Smartphone Sensors," *Insurance Business America*, March 21, 2018, https://www.insurancebusinessmag.com/us/news/technology/harnessing-the-power-of-telematics-through-smartphone-sensors-95514.aspx.

† 沒有完美的激勵系統。有人曾觀察到，安裝行車記錄器可能會導致駕駛人踩煞車時比較輕柔，即使在避免事故時重踩煞車可能是最好的方法。資料來源：Yuanjing Yao, "Evolution of Insurance: A Telematics-Based Personal Auto Insurance Study" (Honors Scholar Program, University of Connecticut, 2018), https://opencommons.uconn.edu/cgi/viewcontent.cgi? article=1563&context=srhonors_theses.

行車記錄器似乎是個不錯的方法，可以減少、甚至消除客戶事故發生率的私有訊息。因此，保險公司大力宣傳，想說服現有客戶以及新客戶都安裝記錄器，這也不足為奇。前進保險公司於一九九八年推出快照計畫（Snapshot program），很快，每間大型保險公司都效仿了這個作法，推出以客戶數據換取較低費率的產品。科技新創公司像Metromile和Cuvva也出現了，它們承諾會按日、按里程和安全度來調整費率，希望能「顛覆」汽車保險。[20]

我們仍在等待這場偉大的顛覆。截至二〇一八年，納入駕駛距離、駕駛品質或兩者皆有的保單，也就是所謂的「使用量計價保險」，僅占美國市場的五%——相比起十年前趨近於零的占有率，已經有了顯著提升，但仍遠未占據市場主導地位。[21]

網路評論指出，這種保險未能主導市場的部分原因在於，就算有保險公司的保證，即使你是一個良好駕駛人，還是可能會導致保費上漲。如果定價演算法最終導致優良駕駛的費用上升，甚至只要人們認為有漲價的可能，一些優良駕駛就可能會遠離這種保險。也就是說，也許大數據沒有我們想像中那麼聰明。（關於這個話題，Reddit還有則更生動的評論：「室友用了前進保險的行車記錄器，他的保險費狂飆，他的煞車不太靈敏，所以他得猛踩煞車，然後那東西就會發出警報聲。我經常開玩笑說『保費又漲了』，然後我們一起大笑。只是等帳單一來，就笑不出來了。」）[22]

另一個更深層次的問題（與選擇問題無關）可能是，大多數客戶不願在他們車上安裝記錄器，因為讓保險公司或其他人這麼了解你，就像老大哥〔編按：Big Brother，出自小說《一九八四》（*1984*）的角色，象徵著極權統治對公民無時無刻的監控〕一樣，感覺很可怕。這可以解釋為什麼美國一家大型保險公司的兩個經濟學家對行車記錄器所做的研究中（不管Reddit評論發表了什麼意見），發現只有二〇%的駕駛人選擇參與這個計畫，儘管他們估計這種記錄器可以使客戶減少七%的保費。這與皮尤研究中心（Pew Research Center）於二〇一六年所進行的一項調查結果一致，該調查發現，如果要求安裝行車記錄器，有四五%的美國人會拒絕保險公司的折扣優惠（事實上，三七%的人表示他們會接受這項交易，遠高於目前的五%）。雖然有些人認為，至少對他們來說，折扣不會持續很久（因為我開車的方式像個瘋女人），但對大多數人來說，這種方式太過侵犯隱私，如同小說《一九八四》一樣。[23]

也許越來越多的駕駛人將習慣監控經濟的生活——畢竟，Google、蘋果和其他公司已經可以根據手機數據追蹤我們的活動，那麼好事達保險知道我們的位置又有什麼關係呢？但至少目前為止，對於保險公司像老大哥般監控你駕駛行為的恐懼，讓汽車保險公司無法透過更好的資訊解決選擇問題。

如果客戶「不喜歡」商業行為，這些行為就可能對業績不利——例如「使用量計價保險」的失敗。即使某些事情能夠解決選擇問題，如果對業績不利，企業也不會去做。這表示即使保險公司沒有任何法律限制，也可能不去充分利用手中客戶的一切資訊，放棄賺錢的機會。有時「對一切定價」似乎很過度干涉或不公平，在這種情況下，保險公司可能會允許讓選擇問題持續存在，因為它們認為與解決選擇問題相比，公關成本超過了從更多資訊中帶來的效益。因此，有時私有訊息會一直存在於保險市場上，不是因為保險公司無法得知所有資訊，而是因為「不要讓人覺得毛骨悚然」對生意來說更有利，即使這意味著選擇問題仍將繼續存在。

## 保險業決定不使用你擁有的資訊

如果艾咪不向好事達保險提供她的汽車電腦存取權限，那家公司永遠不知道她開了多遠或多常猛踩煞車。然而，在某些情況下，保險公司甚至不使用合法且任何人（包括我們自己）都可以輕易取得的數據。

艾咪與波特巴利用英國的年金數據研究這種情況。[24]記得第三章曾提及，擁有年金的六十五歲男性比同年齡沒有年金的男性，在一年內的死亡率少五〇％嗎？顯而易見的是，關於一個人是否在未來一年內去世的預測中，除了年齡和性別外，還有很多因素可以考量。他們曾經得過癌症嗎？他們抽菸嗎？他們是否有心臟病的家族史？

波特巴和艾咪在數據中找到了以下例子。眾所周知，富裕且教育程度較高的人壽命更長，而不同社區居民的財富和教育水準也有所不同。因此，他們發現年金受益人所在社區的教育水準是一個有用的預測指標，準確度超過保險公司基於年齡和性別的預測。這一點並不令人意外。例如，一位來自教育程度較低社區的六十五歲男子，其在未來一年內死亡的機率高於教育程度高社區的同齡男子。艾咪和波特巴表示，向來自低教育社區的人提供年金折扣，可以產生數百萬英鎊的額外利潤。重要的是，年金受益人住在哪個街區是年金公司已知的資訊：畢竟，公司必須蒐集客戶的地址，才能把支票寄給他們。（當然，客戶本人的教育程度一定比鄰居的平均教育程度更能準確預測他們的壽命，但這是保險公司需要非常賣力才能蒐集和驗證的訊息，這就是為什麼艾咪和波特巴著重研究以社區公開可用的數據特徵進行定價的可能性。）

他們用來製作死亡風險評估表的所有資料都是公開的。在設定年金價格方面，沒有法律禁止使用申請人所在區域的訊息（甚至更狹窄地理範圍的數據，這類數據可讓預測更精確）。兩人的研究顯示，保險公司可以透過這些易於獲得且完全合法使用的數據修改年金合約，從而增加利潤。

那麼，為什麼保險公司有錢放著不賺呢？

回到十八世紀，在定價年金或其他選擇市場產品時，未能納入適當的風險因素，是因為還有太多未知因素——當時精算學還處於起步階段。的確，直到一六九三年哈雷發表了死亡率表，不同年齡組的死亡率估計才更加清晰。[25]而艾咪和波特巴的研究強調，網路上有任何人都能取用的資料，保險公司也能直接用它來計算保單價格，賺更多的錢。

經濟學家認為企業追求利潤最大化，這是一個合理的假設。那麼問題出在哪裡呢？我們懷疑部分問題在於對於公平定價的基本觀念。然而，正如我們所見，即使我們克服了這些道德問題，我們（身為經濟學家，而非倫理學家！）也不一定希望保險公司在一切事物上定價——不是因為「公平」，而是因為它會破壞人們購買保險、預防風險的能力，例如出生時就有基因疾病，或是來自容易早逝的心臟病家族。如果那些狀況被定價，我們怎樣才能購買保險，來防止出生時就有的不健康狀況呢？這種資訊在我們出生時就已經知道了（如果是家族疾病就會更早）。

## 這種定價方式不公平！

數個世紀以來，人們一直在探討賣家對其商品收取公平價格的問題。接下來的論證可能有點誇張：讓我們回到羅馬時代，當時粗略來說有兩種觀點。有一種是自由主義派的公平觀，他們認為如果賣方願意出售，買方願意支付，根據定義，價格是公正的——

交易雙方都自願進入交易。這大致描述了大多數經濟學家對大多數市場的看法。

還有另一種「公正價格」觀點，認為特定商品或服務有內在價值，如果以更高的價格收費，即使交易另一方的買家願意支付，也存在不公正之處。正如十三世紀的哲學家和神學家阿奎那所說：「將一件東西以高於其價值的價格出售，或以低於其價值的價格購買，本身就是不公正和不合法的。」[26]

阿奎那的論述引出了一個幾近棘手的問題，如果不是顧客需求，那麼是什麼決定了這種基本價值？如果某項商品或服務具有固有或基本價值，那麼為什麼你在夏季花了十美元買雪鏟，而鄰居在二月暴風雪後的第二天，要花五十美元買同樣的雪鏟呢？

我們不會就誰對誰錯、公平與否做出深入的結論，這並非因為我們認為這個問題無趣或不重要；相反地，經濟學中稱此為比較利益（comparative advantage）：我們將倫理和公平問題留給道德哲學家，他們接受過訓練，更專注於這些問題。

但是，對我們來說重要的是，無論我們或你認為什麼是公平的，人們只是討厭企業對完全相同的事物收取不同的價格。例如，亞馬遜在二〇〇〇年曾經嘗試對同樣的DVD產品收取不同的價格（只試過這一次），顧客們注意到了，並感到非常憤怒，該實驗在三天內就被終止了。執行長傑夫・貝佐斯（Jeff Bezos）後來稱公司對個人化定價的嘗試是個「錯誤」，而亞馬遜這家知名數據公司，雖然對你和你的購買紀錄瞭如指掌，但它們承諾絕不會再對網路購物者制定個人化的價格。[27]

我們懷疑，這就是為什麼個人化定價（無論是保險或其他產品）出現的情況比預期少的原因，儘管公司從網頁瀏覽行為、手機追蹤和我們經常免費提供給任何線上商城的數據中，可以獲取有關行為和偏好的詳細資訊。（當然，仍有一定數量的個人化定價，例如你可能曾經和身旁的乘客討論這趟從波士頓飛到洛杉磯的機票花了多少錢，買貴的人一定不開心。我們不是說個人化定價不存在，而是說相較於其潛在的利潤，個人化定價還不夠多。）

丹尼爾・康納曼（Daniel Kahneman）、傑克・克尼區（Jack Knetsch）和理查・塞勒（Richard Thaler）有項已成經典的研究，有助於解釋這一點。[28]透過電話調查，研究人員向數百人提出幾個假設的定價，再詢問他們是否認為這家企業的行為符合公平。他們得出的結論是，大多數人對公平定價的看法和阿奎那在十三世紀的直覺並沒太大差異：如果一家公司的行為超過了某個「參考」價格，則其作法被視為不公平。這個參考價格從哪裡來？大致而言，它是使企業能賺取合理利潤的價格。

如果對ＤＶＤ進行個人化定價會引發公平性的棘手問題（我們保證真的有這種問題），在你開始思考保險公司演算法所涉及的各種屬性時，會發現更多更棘手的問題。蓋瑟瑞（第二章提過他）在購買壽險或健康保險時，是否應該因為父親罹患亨丁頓氏舞蹈症，使他也有一半的機會患病，而受到財務上的處罰呢？[29]如果有人住在城市的貧民區，他們是否應該受到處罰，被收取比居住在城市其他地方、且駕駛紀錄相同的人更高的汽車保險費？

保險公司並非想欺負生病或貧窮的人，對低收入者收取較高的汽車保費，只是因為他們住在高犯罪率的社區，車輛被破壞或偷竊的風險較大。[30]這種解釋雖然完全合乎邏輯，但不能減輕已經艱苦度日，卻還要付出高額保費的不公平感。

在保險公司的情境中，似乎會出現與亞馬遜ＤＶＤ問題相同的內在反應，「這不公平」。讓我們回頭討論英國的情況，為什麼英國的年金合約在定價年金時，沒有考慮地區性的特徵，它們明明可以取得資料，可以合法使用呀！這顯然是個謎團。

事實證明，就像亞馬遜和其他短暫嘗試的個人化定價一樣，一家英國保險公司於二

○○三年開始考慮按照申請人的郵遞區號定價，此舉引起極大的騷動！在《星期日泰晤士報》（*Sunday Times*）等報紙上，出現了〈郵遞區號偏見〉（Postcode Prejudice）等標題，客戶對於因健康照護或居住在富裕地區而被「宰割」和「處罰」的抱怨不斷。因此，該保險公司被迫公開否認謠言，並撤回了計畫。[31]（至少是暫時的，幾年後，有幾家大型保險公司又開始依郵遞區號定價年金，顯然它們認為此舉帶來額外的利潤，足以抵銷公關上的困擾。）

與亞馬遜依客戶瀏覽歷史來定價DVD相比，人們對於保險公司依特定特徵定價的「公平性」反應令人驚訝。調查顯示，人們認為如果企業成本高，則提高價格是可以接受的（這也符合阿奎那在十三世紀提出的公平觀）。例如，在康納曼和共同作者的經典研究中，對受訪者提出以下情境：「假設由於交通混亂，當地生菜短缺，批發價上漲，雜貨商用比過去高三十美分的價格購買正常數量的生菜，雜貨店也也將生菜的價格提高三十美分。」這次漲價公平嗎？在這個案例中，七九％的受訪者認為是公平的。[32]

我們本來以為能接受生菜漲價，同理也會接受高事故風險駕駛人支付更高的汽車保費，這樣保險公司才能獲得「公平」的利潤。但情況似乎不是這樣，這讓我們覺得有點困惑。

## 定價演算法的黑盒子

部分原因可能是因為公眾相信在高成本的情況下，高價是合理的；而公眾可能有充分的理由懷疑，保險公司做出定價決策的背後，是否真的有高成本的情況存在。最近一個例子說明，為什麼這樣的懷疑可能是有道理的。

定價演算法通常是個黑盒子——你輸入個人資訊和駕駛歷史，然後出現一組汽車保險價格。但在一些州，這些演算法需要政府批准，公眾因此有機會一窺黑盒子的祕密。在二〇一三年，好事達保險計畫在全國推出一種新的汽車保險費率算法[33]，在馬里蘭州，它必須向有關部門申請許可，州政府要求汽車保險費用要以「成本為基礎」——也就是說，風險更高的駕駛人可以設定更高的價格，但不可以因其他原因收取更多費用。當馬里蘭州審查好事達保險的提案時，發現好事達保險並沒有遵守這些規則。例如，在它們的演算法中，比起年輕客戶或老年客戶，中年客戶被提高保費的幅度超過合理範圍，不是因為他們駕駛技術差，而是假設他們對價格比較不敏感；也就是說，好事達保險知道即使提高他們的保費，他們也不會轉投其他保險公司的懷抱。

一份由《消費者報導》（*Consumer Reports*）和公益新聞組織《標記》（*The Markup*）進行的評估，將此一提案描述為「好事達保險建立馬里蘭州的傻瓜客戶名單，可以從這些客戶身上榨取更多錢」。雖然州政府拒絕了好事達保險提出的定價方案，但是《標記》觀察到，該公司在至少十個州使用了類似的算法。通常，監管機構不會管黑盒子裡的內容（新墨西哥州未經審查就批准了好事達保險的算法），所以很難知道提高的保費裡有多少來自駕駛人的風險，多少是因為保險公司認為他們是傻瓜。[34] 好事達保險的詭計清楚地表明，客戶或許有很好的理由懷疑，保險公司利用數據判斷自己是笨蛋或敗家子，來決定要收取多少保費。

## 無知之幕

正如我們已經提到的，即使某些客戶的屬性確實反映了更高的成本（我們可以確信這就是高價的原因），我們（作為一個社會）也不希望讓保險公司以此來進行定價，這還有另一個原因。即使你（像我們一樣）可以理解保險公司需要對高成本客戶收取更高價格，以抵禦逆選擇，並使市場發揮其效率，但這個原因仍然存在。

這與哲學家約翰．羅爾斯（John Rawls）在他一九七一年的著名論著《正義論》（*A Theory of Justice*）中提出的經典思想實驗有關。[35]這個思想實驗要求我們想像自己站到羅爾斯所謂的「無知之幕」（veil of ignorance）後面，這將掩蓋我們對於自己在社會中位置的任何想法——無論富裕還是貧窮、上過大學還是小學輟學、家族是否有亨丁頓氏舞蹈症病史。如果你不知道自己是誰，或在這個世界上的位置，你會採取什麼公正原則？

雖然哲學家將此視為公平問題，有些經濟學家（包括我們）卻將其視為保險市場有效運作的問題！在這種情況下，我們關心的是考慮保留高風險人士購買保險的能力：例如出生時患有先天疾病，或來自有健康問題家族的人。

從某種意義上來說，你可以將「無知之幕」這個練習視為最終的保險：在你對未來的自己或環境一無所知之前，你希望擁有多少保障，來應對出生時不幸的風險？這實際上是在問，我們應該向每個社會成員提供多少保險，從他們出生的那天開始，甚至在那之前。部分原因是因為你出生前無法購買保險，但政府通常提供所謂的社會保險或提供社會保護，讓每個成員都能對抗因疾病、殘障、失業和其他不幸所帶來的經濟困境。

但如果我們允許保險公司以客戶目前的健康狀態不斷更新價格，這意味著二十歲的人，不知道未來是否會透過老年結腸鏡檢查發現癌症，也無法為這種風險尋求保障。換句話說，讓保險公司依它們對客戶了解的一切進行定價，可能會破壞潛在高風險客戶所需要的保險市場。這就是為什麼對經濟學家而言，法律對保險定價的限制是否為不良政策（例如申請健康保險需要基因檢測的限制），無法有明確的答案，即使這可能使保險市場在某一時間點上運作得不太理想（將在第七章討論）。在我們的例子中，結腸鏡檢查結果良好的客戶會選擇較少的保險，而有疑慮的客戶將保留更多保障，從而推高保險的價格。

最終，無論是因為技術限制、擔心消費者反彈或法律限制，我們對保險公司蒐集客戶訊息的簡單討論中顯示，這儘管有所幫助，但並不足夠。在許多情況下，包括老手司機的汽車保險、人壽保險和年金，顧客最終還是擁有私有訊息，並在購買保險時使用它。逆選擇仍然存在。

由於保險公司無法依賴更好的數據來「解決」私有訊息的問題，因此採取其他方式來消除市場上的逆選擇是有利可圖的。企業有充分的動機去尋找這些方式，如果它們無法或不願從客戶那裡獲取最後一點私有訊息，也會試圖誘使客戶自己透露這些訊息。第五章將描述保險公司如何做到。

## 第五章

# 打開客戶的密室——讓別人不知不覺透露自己的事實

在亞瑟．柯南．道爾爵士（Sir Arthur Conan Doyle）的《波希米亞醜聞》（*A Scandal in Bohemia*）中，十九世紀偉大的偵探夏洛克．福爾摩斯（Sherlock Holmes）接受卡瑟勒——菲爾斯泰因大公兼波希米亞國王威廉．馮．奧姆斯坦（Wilhelm Gottsreich Sigismond von Ormstein）的委託，去找回「著名冒險家」艾琳．艾德勒（Irene Adler）所持有的一張醜聞照片。

這張令人震驚的照片拍攝到兩人在一起的樣子，當時國王只是皇太子，而艾德勒當時是華沙帝國歌劇院的歌手。國王已與一位來自正統家族的年輕北歐公主訂婚，他擔心如果過去的不端行為曝光，婚禮就會被取消。他試過威脅利誘，表示願意支付照片的費用，又派遣手下以其他方式嘗試取回照片。但艾德勒堅決保留這張照片，而且她非常聰明，連國王的人也拿她沒辦法。（「我雇傭的盜賊搜刮了她的房子兩次、在她旅行時轉移了她的行李一次、她還被人埋伏攔截兩次，但都沒有結果。」）[1]

國王以絕望的心情找來福爾摩斯，這是他最後的希望（這是許多福爾摩斯故事的常見開場）。在這種情況下，優秀的偵探是如何在其他人失敗的情況下取得勝利的？福爾摩斯在事前向他忠誠的助手和記錄者華生醫生（Dr. John Watson）簡單解釋了策略：「我會讓她拿給我看。」他到底要如何做到？親愛且忠實的華生和讀者，在故事的這一關頭，都感到非常好奇。[2]

答案是：他讓她不知不覺地透露自己的祕密。這就是為什麼我們在一本關於保險設計的書中，要講述這個福爾摩斯詭計的原因。就像福爾摩斯讓艾德勒「上當」一樣，讓潛在客戶不知不覺地透露他們的保險成本是高是低這種私有訊息，是保險業者重要的工具，也是本章的重點。

到目前為止，我們一直著重於保險公司如何根據對潛在客戶成本的最佳猜測來設定價格——利用它們可以觀察到的，例如過去的交通違規紀錄或體檢報告，或者要求客戶提供資訊（如家庭病史）。但正如我們所見，這種方法受限於客戶真實提供所需資訊的意願，以及保險公司強制客戶提供資訊的能力（有時還有保險公司自己的意願）。這就像是如果福爾摩斯問艾德勒照片在哪裡，我們已經知道她會拒絕回答。現實世界的保險公司或一位虛構的偵探該怎麼做，才能讓那些不想揭露資訊的人誠實地透露訊息呢？

在福爾摩斯的案例中，答案是設計一場假火災。他這樣解釋他的想法：「當一個女人覺得她的房子著火時，她的本能反應是立即衝向她最重視的東西……現在很明顯，我們的女士如今房子裡最寶貴的東西，就是我們正在尋找的東西，她會衝上去保護它。」而且，福爾摩斯並沒有錯過目標——情況正如他的預料，艾德勒害怕她的家即將被熊熊烈火吞噬，匆忙跑去拿她最珍愛的相片，福爾摩斯（跟著她）觀察到，相片藏在「右邊拉鈴上方一個滑動面板後的凹槽。」[3] 成功了！這個計畫達到了預期的效果，福爾摩斯已經找到了那張遍尋不著的照片。*

本章介紹保險公司在蒐集了所有可能的客戶資料後，取得消費者隱私的一些方法。正如我們在第四章強調的那樣，獲得更好的資訊並不能解決所有問題——即使保險公司已盡其所能（在法律允許的範圍內）獲取了所有訊息，在選擇客戶或設定價格時，它們通常仍舊無法完全區分出生病的和健康的人，以及謹慎的和魯莽的人。在這種情況下，它們需要讓客戶自己進行分類。不，它們不會假造火災，但會模擬選擇市場：設計保險策略以吸引它們想要的客戶（即隱性低成本的客戶），並擊退不想要的客戶（即隱性高成本的客戶）。

這些設計技巧能讓顧客透露他們的祕密，也就是他們的成本類型，就像福爾摩斯使計讓艾德勒揭露照片的藏身處一樣：這個狡猾的計畫可能讓客戶根本不自覺已經暴露了原本希望隱藏的東西。

有很多常見的保險作法，你可能看過，卻沒有意識到這是為什麼而存在。保險合約的細節包含各種限制和條款，如果你能理解這些規則的話，這些條款可能只是為了讓保險公司在理賠時節省每一分錢。但是，這些規則和法規通常可以理解為企業試圖透過讓客戶有效地揭示身分，以解決各類選擇問題。

保險業務中許多技巧的背後原因，並不一定是顯而易見的（或只有在你仔細思考時

---

* 福爾摩斯要實現這個計畫，自然還涉及更多細節，他必須說服艾德勒認為有真正的火災，也需要在她驚慌時出現在現場。為了施行這個計畫，福爾摩斯裝扮成一位年長的牧師（沒有比這更沒威脅性的人了），並混入爭先恐後想要為艾德勒開車門的年輕男子之中（每當美麗的艾德勒小姐抵達這條街道時都會發生這樣的情況）。福爾摩斯假裝在扭打中被打到頭且流血不止，他被邀請進入艾德勒的家中，然後請求躺在她的客廳裡，也要求打開窗戶透氣。開窗是華生執行第二階段計畫的暗號，他會將一顆「煙火彈」扔進艾德勒的公寓，並讓街上其他人在他的帶領下大喊：「火災！」整個故事還有出人意料的轉折，我們將在第八章再回頭討論。對於那些等不及的人——甚至是那些能夠等待的人——我們都建議你閱讀原始故事。

才會發現，但我們很少這樣做）。例如，牙齒保險不會涵蓋可以延遲或預先安排的手術，以免客戶在昂貴手術之前才買保險；在道路救援啟動之前需要等待的時間，也源於類似的目的（但是，正如我們在第二章中所見，即使新婚夫婦在請領離婚給付之前需要等待四十八個月，也不足以挽救該市場）。有些健康保險產品附帶免費的健身房會籍，還有一些「附屬細則」會將某些風險排除在保障範圍之外。[4] 你有沒有想過美國為什麼只有在十一月才能購買健康保險？本章也會解釋。了解這些商業行為背後的動機，對於理解政府在努力改善選擇市場時，可以或應該對企業施加哪些限制至關重要，這也是我們在本書的第三部要探討的主題。

## 免費健身房會籍，可以吸引更健康的好客戶嗎？

在保險愛好者中，有一個著名的都市傳說（當然也只有這群人才知道），有一家健康保險公司故意把銷售辦公室設在一棟公寓的五樓（而且沒有電梯）。第一個（就我們所知也是唯一一個）傳說公寓保險公司的文字紀錄，出現在諾貝爾獎得主經濟學家約瑟夫．史迪格里茲（Joseph Stiglitz）的得獎演講中，他和阿克洛夫（第一章出現過）及麥克・史賓斯（Michael Spence，本書還沒出現過）共同獲得該獎項，而他獲獎的理由主要是因為他對保險市場上逆選擇的研究。

正如史迪格里茲在諾貝爾獎演講中所解釋的，五層樓梯是保險公司阻止嚴重生病的人成為它們客戶的好方法。儘管大多數人可能都不想爬樓梯來申請保險或理賠，但對於生病或懶惰的潛在客戶來說，這尤其不吸引人。（請記住，當時是二〇〇一年，能在網路上做的事情仍然很有限。）史迪格里茲觀察到，一個狡猾的保險業主管會「意識到，因為辦公室設置在公寓五樓，只有那些心臟強壯的人才會來申請」。[5] 這家公司甚至願意支付額外費用租下這個不方便的地點，正是因為它能篩選出不理想的客戶。（史迪格里茲也指出，一位真正精明的保險公司執行長會了解選址時應該權衡的事，既要高到足以遠離不受歡迎的人，又不能高到讓太多人覺得不便。二樓可能不夠高，但十樓肯定過頭了。）

史迪格里茲的例子一定是虛構的，更不用說這種方法在網路上就能買保險的世界中已經失效了。但是接近這個虛構例子的東西確實存在，並且在健康保險產品的現實世界中相當普遍。想像一下爬樓梯和保險被當成套餐出售——你購買的是保險，但同時還會附送免費的爬樓梯。為什麼不推出顧客會認為是免費福利，而非額外負擔的保險套餐呢？找個可能會被所有人欣賞，但特別受到你試圖吸引的低成本客戶喜愛的組合？

這就是為什麼一些健康保險公司會提供免費（或補貼）健身房會籍，作為健康保單的附加福利。當然，保險公司通常把這個優惠描述為幫助客戶更容易保持健康，免於就醫的美好未來。這種方式可能有些道理（但很快我們就會看到沒有道理），但明顯的是，這些類型的福利可以成為保險公司吸引和留住好客戶的方式。

一種被稱為「聯邦醫療保險優勢計畫」（Medicare Advantage）的健康保險即是證明，我們將在第七章更詳細地說明。但是現在要先知道，在聯邦醫療保險優勢計畫下，根據每個客戶可觀察且可預測醫療成本的特徵（如年齡或病史），私人保險公司可以獲得政府支付的一筆費用。[6] 在本書撰寫的時候，潛在客戶仍然對自己未來的醫療費用掌握許多私有訊息（這一點不足為奇），私人保險公司提供優勢計畫，希望吸引那些在特定年齡和特定狀況下最健康的人。

因此，私人保險公司經常採取的作法是，在保險方案中包含免費健身會籍，並大力宣傳。為什麼？因為它們希望透過提供免費健身房會籍，來吸引注重健康的顧客；健康狀況較差的人可能認為，健身房會籍非常沒有吸引力。

公共衛生學研究人員艾莉西亞・庫柏（Alicia Cooper）和阿默・特里維迪（Amal Trivedi）曾進行一項小規模但令人信服的研究，這種方法似乎發揮了預期的效果。[7] 他們觀察了幾個優勢計畫在福利中增加健身房會籍後，客戶基礎有什麼變化。具體而言，他們根據政府每年進行的一項調查，隨機抽樣計畫成員自主回報的健康狀況。庫柏和特里維迪的主要結論是，在二〇〇五年增加健身房會籍後，報告自己處於非常好或極佳健康狀態（而非良好、普通或差）的老年人，在這些計畫中的比例大幅上升；而二〇〇四年尚未推出免費會籍時，則沒有這樣的情況。這意味著，一旦加入健身房會籍，該計畫就吸引了更健康（或至少認為自己更健康）的會員，正如所預期的一樣。

當然，你可能會擔心，在二〇〇五年，老年人的整體健康狀況正好普遍有點改善，所以庫柏和特里維迪剛好觀察到這個情況。還好，他們考慮到了這一點，因此將二〇〇四年和二〇〇五年間增加免費健身會籍的投保人自述健康狀況的變化，與相似的「對照」計畫進行比較——也就是這兩年間沒有健身會籍福利的投保人自述健康狀況的變化。未加入健身會籍的對照組中，自述非常良好或極佳健康狀態的投保人比率僅增加了一・

五%，遠低於加入健身會籍計畫的六%成長。其他結果更加驚人：在增加健身福利的計畫中，自述有步行困難的投保人比例從三三%降至二五%；而在對照組中，這一比例幾乎沒有改變，約為三二%。

如果你想知道為什麼會有對照組計畫？基於免費健身會籍為被保險人帶來的明顯改善，庫柏和特里維迪提出一個解釋：對照組可能起初沒有意識到這一點，但最終它們也知道了。庫柏和特里維迪發現，在二〇〇二年到二〇〇八年持續提供的一百零一個聯邦醫療保險優勢計畫中，提供免費健身房會籍的計畫數量在這六年中增加了四倍，從二〇〇二年的十四個增加到二〇〇八年的五十八個，而且還在持續攀升：截至二〇二〇年，享有健身福利的聯邦醫療保險優勢計畫參與者比例已達七四%。[8]

庫柏和特里維迪沒有考慮到一個潛在問題（或至少沒有處理的方法），他們只能在計畫參與者投保之後，才能測量其健康程度。因此，提供免費健身房設施可能對長者的健康產生神奇效果，讓他們離開沙發，覺得自己的狀態良好（進而更有可能在調查中表示自己是健康的）。換句話說，也許提供健身福利的計畫並沒有吸引到較健康的參加者，但卻透過讓他們到健身房鍛鍊身體，創造出較健康的參加者。

也許吧……但是，如果上健身房的新年計畫往往只是個參考，似乎很難想像健身房補貼能把沙發馬鈴薯變成健身愛好者。如果你尋找更具體的證據來證明健身會籍吸引了健康的人，而不是使他們更健康，可以看看經濟學家戴蒙・瓊斯（Damon Jones）、大衛・莫里特（David Molitor）和茱莉安・瑞芙（Julian Reif）的研究。[9]這個團隊為伊利諾大學厄巴納——香檳校區（University of Illinois at Urbana-Champaign，莫里特和瑞芙都在那裡工作）的員工創建了一個新的職場健康計畫，分析誰參加了計畫，以及這個計畫對大學員工的影響。

這個計畫稱為iThrive計畫，它為符合資格的員工提供一系列的健康相關服務，包括現場健檢、線上健康風險評估，以及各種健康活動，如戒煙計畫、慢性病管理和體重管理的面對面課程，以及娛樂體育課程。研究人員招募了近五千名員工，並隨機分配他們到控制組或治療組，控制組沒有使用iThrive，而治療組則有。接下來兩年中，他們透過大學的就業紀錄、生物測量健檢和問卷調查，追蹤參與者的情況。

這份研究引起相當大的迴響，因為其主要結果顯示：相較於未參加iThrive的控制組員工，隨機受邀參加iThrive的員工，並未在健康行為、健康狀況或工作出勤方面表現出任何改善。然而，研究人員也發現證據顯示，儘管未能改善員工健康狀況，雇主仍可能希望提供健康計畫，作為吸引較健康員工的一種方式。具體而言，他們發現在獲得職場健康計畫的員工中，在研究開始時，選擇參加的人已經比選擇不參加的人更健康、醫療保健成本更低，行為也更健康。

相對於健康保險計畫，一份新工作提供的免費健身房會籍可能是較不誘人的福利。但作者的結果確實提出了一個可能性，即雇主可以設計各種鼓勵措施來吸引健康的員工，而不是幫助員工保持最佳的健康狀態。這確實提供另一個角度，解釋了資金雄厚的矽谷公司為何用傳說中的現場按摩，和隨時提供的康普茶，來吸引嬌生慣養、有健康生活方式的千禧世代軟體工程師；這些設計看來是為了吸引較不會請病假，且最不需要使用（同樣豪華的）保險計畫支付醫療費用的員工。[10]

## 製造讓客戶討厭的產品

不論最終目的為何，免費健身房會籍都是一項不錯的福利。然而，許多保險公司為確保吸引到「正確」客戶的方法都不太吸引人。事實上，史迪格里茲那間策略性定址在公寓五樓的虛構保險公司，捕捉到了許多現實範例（本章接下來會討論到）的關鍵特徵：為了遠離高成本或風險較高的客戶，保險公司常常不得不提供所有人更差的保險——不僅影響到它們試圖迴避的高成本客戶，也影響到本想吸引的低成本客戶。

在第一章中，我們強調了逆選擇的一個關鍵問題，即那些低成本的客戶仍會從擁有保險中受益，但無法以能夠反映其風險的價格（也是保險公司的成本）購買保險。現在我們要強調另一個關鍵的問題，即選擇問題干擾了市場，讓業者無法以合理價格提供高品質產品：那些購買保險的人可能會買到用各種方式扭曲變形、看起來不太理想的產品。在虛構的五樓公寓範例中，幾乎沒有人想要爬樓梯（畢竟，大多數人都會搭電梯或手扶梯前往健身房，即使他們打算使用登階機）。但是保險公司仍然覺得這樣「損害」自己的產品是值得的，因為樓梯對有慢性健康問題的人尤其具有挑戰性。*

* 故意提供次級產品是區分「好」和「壞」客戶的標準策略。在一個正常的市場中，每個人的服務成本都是一樣的，好的客戶是願意支付高價的客戶，而壞的客戶是無法或不願意支付高價的客戶。法國經濟學家和工程師儒勒·裘布依（Jules Dupuit）說，這可能解釋了為什麼儘管提供坐墊和頂棚的成本非常低，三等車廂還是保留硬座椅，而且沒有頂棚，三等車廂的不舒適感是為了讓較富裕的旅客支付高價享受更高級的旅行。正如他於一八四九年所觀察到的，「某家鐵路公司設置無蓋的車廂或木製長椅，並不是因為把三等車廂裝上頂棚，或是把椅子鋪上墊子要花費幾千法郎；它很樂意為了受歡迎而花這筆錢，它的目標是阻止有能力負擔二等車票的旅客搭乘三等車廂。它不是為了要讓窮人受苦或傷害窮人，而是要嚇阻有錢人。證明就在於，如果今天國家告訴這家鐵路公司：這裡有十萬法郎可以改善你的車廂，這種補貼肯定會被拒絕。改善三等車廂可能會使收益減少兩百萬法郎，並毀了這家公司。」資料來源：Jules Dupuit, De l'influence des péages sur l'utilité des voies de communication (1849), 引自 Rakesh V. Vohra, *Prices and Quantities: Fundamentals of Microeconomics* (Cambridge: Cambridge University Press, 2020), 55.

確實，無論好壞，保險公司更常以不支付理賠聞名，而不是透過提供健身房會籍等福利來增加吸引力。這些自負額、除外條款和其他細節的存在，有時似乎有損保險的最初意義。只要問問文學史上最偉大的失敗者威利．羅曼就知道了。

亞瑟．米勒的普立茲獎（Pulitzer Prize）經典劇作《推銷員之死》，通常被視為探討在變動的經濟世界中失去自我認同。它以巡迴推銷員威利．羅曼的失敗人生和早逝為故事中心，威利堅持著美國夢的幻想，認為深受眾人喜愛（不僅僅是喜歡，而是深受喜愛）會為事業和家庭生活帶來成功。但對他來說，一切都不順利。他是個糟糕的銷售員，他的大兒子畢甫（Biff）雖然在高中時是個有潛力的足球明星，但他大學輟學後，就不停地換工作；他認為羅曼是個失敗者，覺得他誇大其詞的話不過是幻想。〔從米勒為角色不算隱晦的命名來看，觀眾也被設定以那種方式看待羅曼——羅曼的發音在英文中和「低等人」（Low-Man）相同。〕

當然，我們對這部經典印象最深刻之處，在於羅曼的人壽保險合約這個情節。隨著故事發展，他的壓力越來越大，他失去了工作，無法支付汽車、冰箱或其他任何東西的費用。接近劇終時，他想像和已故但更成功的哥哥班（Ben）對話，討論如何解決問題。

羅曼解釋：「班，一個人不能像來時一樣離開，一個人必須有所成就。」他在自己的人壽保險看到救贖的希望，並告訴班，這是「一個保證理賠兩萬美元的保險方案」。透過結束自己的生命，他終於能為長期過著苦日子的妻子提供所需，並重拾兒子的敬重。想像中的班雖然同意羅曼說的優點，但他也警告保險公司可能會「不履行保單」。羅曼感到憤怒，他對哥哥說：「它們怎麼敢拒絕？我不是像苦力一樣工作，按時支付每一筆保費嗎？現在它們不賠償？這是不可能的！」[11]

這齣劇的「安魂曲」發生在羅曼的葬禮上，只有他的妻子、兒子和隔壁鄰居參加，而不是他與班一起做夢時想像的數百人，他的兒子畢甫也還是輕視他。儘管我們從不知道保單的具體情況，但想像中的班對這兩萬美元是否保證理賠的懷疑是正確的：幾乎所有人壽保險都有自殺除外條款（或至少有自殺等待期）。*

* 然而，事實和小說的不同之處在於，自殺除外條款只適合於保單生效初期——目的在阻止那些在打算自殺時購買保單的人（或在謀殺前為被害者買保險的人）。在這部戲裡，羅曼告訴我們，他已經付了很多年的保費，所以或許他最終還是有保險的。資料來源：Gary Schuman, "Suicide and the Life Insurance Contract: Was the Insured Sane or Insane? That Is the Question—Or Is It?," *Tort and Insurance Law Journal* 28 (1993): 745–77.

羅曼一家（以及觀眾）可能會將這種除外條款，視為體系打壓弱者的另一種方式——在這個故事中，保險公司因為細則免除賠付羅曼繳款多年的保單。這肯定有一定的真實性。但這些除外條款還有另一個目的：它們是保險公司試圖阻止錯誤客戶投保的方式之一（例如那些計畫結束自己生命的客戶），即使它們無法直接識別這些客戶。出於類似的原因，羅曼的保單可能也會有謀殺除外條款。

換言之，避開「壞」客戶的其中一種方法，是拒絕支付那些一開始讓客戶變得昂貴的事項，而這些客戶在購買保險時可能已經意識到這一點。這些事項可能包括人壽保險中的自殺事故；或是在購買健康或房屋保險時，不受歡迎的客戶可能已經知道不久的將來，需要支付高價藥物或昂貴的屋頂修繕費用。當你從這些角度思考保險合約，便可以開始看到很多設計細節是為了防止昂貴客戶投保，而不僅僅是為了能對提出理賠的客戶施壓（細節條款很可能同時具有這兩種目的）。

舉例來說，早在一九八〇年代初期愛滋病開始流行時，已經存在某些地區和職業被排除在健康保險覆蓋範圍之外的情況。到了一九八〇年代末期，製藥公司終於研發出治療這種疾病的方法，其中最重要的是推出了突破性藥物疊氮胸苷（azidothymidine,

AZT）。但保險公司經常將其排除在保障範圍之外，不僅是因為它的價格非常昂貴，一年要八千美元，是當時歷史上最昂貴的處方藥（雖然後來已失去了這個頭銜）；保險給付項目排除ＡＺＴ，也使得有可能面臨愛滋病風險，並因此產生高額醫療理賠（不僅是藥品費用）的客戶遠離了。[12]

## 保險等待期的效用

在現今提供的保險中，存在一個折衷方案，一方面對客戶的限制不會少到讓高成本的理賠導致公司破產；另一方面也不會有太多除外條款，以至於讓保單失去價值。與其直接排除，等待期是一種常見的方式，使保單對那些知道自己在不久的將來可能提出昂貴理賠的人不再那麼有吸引力。由於很少人能夠確定自己久遠的未來，只要幾個月或幾年的等待期，就足以遏止選擇問題。

自殺「等待期」條款就是一個例子。自一九五〇年代以來，它一直是壽險合約的一部分，也是保險公司用來隔絕不合適客戶的合約內容之一。*如果你有壽險保單，請把它拿出來並閱讀細節。如果保險公司發現你欺瞞心臟狀況或家族病史，它們可以取消合約。如果你的嗜好包括高空彈跳或跳傘，並因此早逝，除非你在最初申請中披露了這些愛好（在這種情況下，你的保費將遠高於常人），否則你的受益人將什麼也得不到。如果你死於搶銀行（或其他非法行為），公司也不需要付款。†如果你在購買保單後不久就自殺，也會被排除在保障範圍外。

在最初的「爭議期」（一年，或更可能是兩年），通常不會將自殺納入保險給付項目。[13]事實上，有些壽險保單在頭兩年完全不允許理賠——這種更一般性的等待期可以阻止事先知道自己即將死亡的人投保，無論是自殺還是自然原因。（回想一下，例如第二章的理查．馬丁，有史以來第一位壽險要保人，於簽署合約後不到一年就去世了。）

艾咪的丈夫班提供了一個更現代的例子，說明等待期如何讓壞顧客遠離。班在讀研究所期間住在麻州劍橋市，他知道如果自己的車出問題，他會希望有長途拖吊的保險，好將車拖到四十英里外的家鄉，讓他信任的修車師傅維修。但他認為應該要等到真正需要拖車前，再購買較昂貴的保險。因此，有天班在路邊打電話給保險公司，試圖升級到可以支付即將發生的拖吊費用的保單。班是一個壞客戶（不過，艾咪說他是一個相當不錯的丈夫）。他的保險公司準備了一個相當於五樓公寓的汽車保險——在道路救援計畫生效前有一週的等待期。[14]

等待期在許多保險類型都很常見。你可能還記得我們在第二章中討論的可憐企業家，他們的離婚和失業保險業務最終因逆選擇而失敗——他們試圖透過設定等待期（離婚保險的等待期為四年，失業保險的等待期為六個月）來阻止逆選擇，這是正確的想法。但不幸的是，在這些情況下，選擇問題的力量太強了。然而，在許多其他情況下，等待期可能正是維持市場生機的良方。

---

* 《推銷員之死》首次發表於一九四九年；當時自殺除外條款已經很常見，但在一九五〇年代變得更加標準化和規範化了。資料來源：Samuel Hsin-yu Tseng, "Three Essays on Empirical Applications of Contract Theory" (University of Chicago, 2006); Gary Schuman, "Suicide and the Life Insurance Contract: Was the Insured Sane or Insane? That Is the Question—Or Is It?," *Tort and Insurance Law Journal* 28 (1993): 745–77; Leland T. Waggoner, *The Life Insurance Policy Contract*, ed. Harry Krueger (Boston: Little, Brown, 1953).

† 這可能會導致一些案例的索賠讓人覺得是合理的，但仍然存在爭議。想像一個殺人狂在街上追趕你，你砸了鄰居的窗戶，跳進去躲藏。但如果你在鄰居的不動產上早早結束生命，你算是非法闖入，因此不符合領取壽險的資格。

例如，牙科保險的給付項目通常會立即涵蓋預防性的醫療，但通常對治療蛀牙和其他基本手術設有三到六個月的等待期；而對於重大牙科治療，等待期甚至更長（有時長達一年）。當然，其目標是防止人們等到需要補牙時才購買牙科保險；寵物健康保險通常在保單開始時也有類似的等待期。[15] 對於某些狀況，例如受傷，等待期可能只有一週或兩週，這只是為了確保你不會等到來福被車撞到才投保。在其他情況下，等待期可能長達一年，例如大型狗的髖關節發育不良，這是因為發育不良可能是遺傳或先天問題。同樣地，保險公司希望阻止寵物主人發現他們在疫情期間養的小狗有髖部問題後，才立即為牠們「投保」。

美國的人類健康保險等待期，採取的形式略有不同，但你可能也熟悉：所謂的「開放申請期」（open enrollment periods）。在開放申請期間（通常在秋季時數週時間），你被迫選擇需要維持一整年的健康計畫。這一年一度的健康保險選擇儀式，正是為了防止你等到被診斷出C型肝炎，拿了索華迪（Sovaldi）的處方籤（全療程目前價格為兩萬八千美元）才購買高階保險。（有趣的是，寵物健康保險具有更傳統的等待期形式：你可以隨時購買保險，但保障不會立即生效。）

這些對選擇問題的「解決方案」並非沒有缺點。大多數人希望對抗的一些風險是無法投保的——例如在簽署人壽保險後兩年內，發生不可預測或可預測的死亡事件。有兩年等待期的壽險並不能在你意外死亡時提供保障，但保險公司卻需要有它，才能使公司免受可預期風險的損失。此外，就像基於價格的解決方案一樣，等待期有助於解決選擇問題，但無法完全消除問題。

我們已經討論過有關壽險中自殺除外期的研究，也可以說明用等待期解決選擇問題的限制。曾信宇（Samuel Hsin-yu Tseng，音譯）的博士論文，研究了一九九〇年代早期全美壽險要保人的死因，遺憾的是，他發現在兩年的豁免期後，要保人的自殺率增加了四倍。在日本進行的一項類似研究中（日本的壽險通常有一年的自殺除外期），發現除外期後的一個月內自殺率上升了五〇%。[16] 因此，就像五樓公寓一樣，自殺條款並不是完全可靠的——身體虛弱的患者可能會努力攀爬樓梯，以獲得足夠便宜的醫療保險；而一些重度憂鬱的人可能會耐心地等待除外期過後，再採取自殺行動。

曾信宇建議另一種方法（也是昂貴的方法），可以繞過除外期限，又不用等待多年：

死因不明。高速汽車碰撞、行人死亡和藥物過量可能是無意或有意的——在缺乏自殺遺書或其他明確證據的情況下，很難分清楚。一位不想讓悲傷的家庭雪上加霜的驗屍官，可能會將一個有問題的死亡事件記錄為意外，這樣保險金就會支付。雖然曾先生沒辦法指出任何一個自殺的誤判案例，但他觀察到在自殺除外期結束後，意外死亡人數下降，而自殺人數則飆升。他估計大約三分之一的意外身故理賠案件可能是靠自殺掩飾的。

艾咪也根據自己的經驗，提供解決醫療保險等待期的建議。如果你計畫要生孩子，建議在初秋懷孕。大多數保險公司允許客戶每年更換一次保單，通常在十一月或十二月，所以九月懷孕提供了充分的時間，可以轉換到最佳和最靈活的產科保險。當艾咪十月發現自己懷孕，將在七月分娩時，她的確升級了保險計畫，讓她可以在自己選擇的醫院生產。

## 保險公司如何鎖定好的顧客

艾咪的保險公司可以讓她簽訂多年（或至少多個九個月）的合約，讓她無法更改計畫。事實上，如果你考慮到艾咪的小聰明，簽訂長期健康保險合約對她的保險公司來說可能是有好處的，這樣能確保她不會在得知自己即將面臨更高的保費時，轉向更全面的健康保險計畫。這對她也可能有好處，長期合約可以幫助客戶，因為它限制了保險公司，如果它們得知你的健康狀況惡化，也無法提高價格（或削減福利）。你可以將雙方的長期承諾，視為對不利事件的保險。如果我們把這個邏輯發揮到極致，也許最好的保險方式是在出生時（甚至更早）就簽訂合約，在大家都不知道某人是小心或魯莽、健康或多病（簡單來說，就是保險成本高低）之前就簽約。如此可以保護買家，不必承受所謂「重新分類風險」的影響——被重新分類為不良（即成本高昂）客戶，因此收取更高的保費。

當然，新生兒不會簽保險合約，而我們認識大部分的二十幾歲年輕人，也不會真正思考五十歲的自己可能遭遇的健康問題。（如果他們真的思考這個問題，也可能流露出無可救藥的樂觀。一項經典的研究發現，大約有三分之二的大學生認為自己比同學更有可能活過八十歲，研究將此貼切地稱為「對未來生活事件不切實際的樂觀心理」。）17

此外，情況也會因與健康無關的原因而改變：家庭搬遷、工作變動，以及喜好轉變——例如，在中年時期，能承受的風險可能與大學時期完全不同。因此，消費者自己可能不想被束縛於一份不可變的終身合約，而且法律也不會強制執行這樣的協議。如果我們允許消費者違反合約，我們就回到了選擇的世界，因為那些非常健康的人會發現，若是比較其他選擇，他們一定能找到更好的交易。

不過，一年合約（似乎很常見）和終身合約之間還有很大的空間。與其他可以選擇的「解決方案」一樣，合約期限可能也是選擇之一。只需在按日計算（客戶在需要進行昂貴手術時投保）或終身保單（完全沒有選擇）之間選擇一個中間點，在那個點上，選擇問題會逐漸減輕。我們知道這不僅在理論上成立，基於我們在第二章所說卡布瑞的牙科保險分析結果，在實際上也能成立。[18]

回憶卡布瑞研究美鋁員工的牙科保單，她發現當員工轉換到更高階的保障時（每年保險理賠上限從一千美元增加到兩千美元），他們在隔年的前幾個月申請理賠的金額較高。換句話說，當人們意識到他們需要昂貴但可以拖延的手術時，就會拖延到下一年，以便參加更高階的方案。

我們在這裡重新討論卡布瑞的研究，是因為美鋁員工薪資設計中另一個幸運的特點（從研究角度來看）：在她的數據中，公司在二〇〇五年將牙科保險的保障期，從一年改為兩年。卡布瑞發現，在兩年的合約中，之前描述的有害選擇現象減少了。你或許能將根管治療或植牙手術拖幾個月，以便等到更全面的牙科保險開始生效，但如果要等待好幾年，那是不明智的。

卡布瑞認為合約的長度，對美鋁牙科保險「市場」的整體運作有很大的影響。她估計，如果公司沒有提供牙科保險補貼，且合約為一年一次，那麼保障較全面的保險市場將幾乎完全解體，價格會高到只能吸引約五%有嚴重牙齒問題的員工。但如果合約長度增加到兩年，那麼員工在已知需要牙科治療才投保的問題就會減少，成本和保費也會因此降低。根據卡布瑞的計算，價格下降將足以使投保人數增加一倍以上，如此推算（遠超過她的數據中最長的合約期限），她預測，如果限制員工只能加入五年方案，投保人數將接近四〇%。

所以，較長的合約期確實有所幫助。然而，即使是五年合約，其投保率也遠遠不及出生時就購買終生牙科保險的比率，理論上後者的投保率可能是百分之百。但這既不是我們可以承諾的合約，也不能透過法律強制執行。

## 崩解的社會合約——基布茲社區的實例

為了走出這個困境，我們可以將「合約」的概念從法律合約（當讀者聽到「合約」這個詞會第一個想到的）擴展到社會契約：社會成員間對權利和義務的非明文協議。如果從這個更廣泛的觀點來看，緊密的團體和大家庭可以視為超越一輩子的終身保險——團隊或家庭成員若是遭遇不幸或生病，就能得到團隊其他成員的支持。經濟歷史學家蘭・阿布拉米茲基（Ran Abramitzky）正是這樣描述基布茲（kibbutz）的代際承諾——這些集體主義社區是由猶太定居者所建立，位在現在的以色列。[19]

從歷史上看，基布茲社區一直有非常強烈且明確的社會契約，規定成員之間平均分配收穫。阿布拉米茲基認為，這種極端的平等主義是一種保險形式——無論你的孩子是愚蠢還是聰明、懶惰還是勤奮，他們都會由基布茲的其他成員照顧得很好。那麼好的「類型」呢？那些聰明又有生產力的孩子被迫支持能力較差的孩子，這種情況怎麼辦呢？正如較健康的要保人可能會選擇退出醫療保險一樣，有什麼能阻止高成就者退出社會契約，移居第一大城特拉維夫（Tel Aviv）尋求個人財富？

明確地說，這確實會發生，因此基布茲可能會以與保險市場完全相同的方式解體。基布茲能維繫下來的部分原因是，基布茲成員對後代培養出強烈的意識型態承諾，因此健康聰明的孩子仍會留下來為集體利益貢獻。然而，阿布拉米茲基認為，「社會黏合劑」是另一個重要原因，基布茲成員沒有私人財產——他們所有資產都被鎖定在基布茲內，因此即使他們聰明而且有生產力，也很少考慮自立門戶。實際上，他發現在一九八〇年代初期，以色列經濟惡化導致資產價值崩潰時，許多基布茲突然開始瓦解，因為已經沒有任何東西，可以讓更有生產力的成員在財務上與社區綁在一起。

## 預先支付高額保費的可行性？

除了加入基布茲，我們還能做什麼？除了成立以盈利為目的的基布茲，保險公司還能提供什麼，以獲取顧客更長期的承諾？保險公司和基布茲有很多相似之處，超過你們的想像——保險公司也試圖讓其成員貢獻部分資產，以減少違反長期承諾的誘惑。也許正因為如此，Wirecutter建議主人在寵物年幼時購買寵物健康保險，以確保在發現貓咪後背有問題前獲得優惠保費。[20]

除了Wirecutter的建議之外，對於長期承諾在預防保險市場選擇問題時扮演的角色，很多了解都來自經濟學家伊加爾・亨德爾（Igal Hendel）和亞歷山卓・利茲里（Alessandro Lizzeri）的一項研究。[21]亨德爾和利茲里觀察我們前面提到的情況：擬定一份非常長期的保險保單是不切實際的。一方面，正如他們所指出的那樣，從法律的角度來看，一家公司可能在法律約束下，以議定的保費和給付項目無限期地為其受益人提供保險，但是法律不能要求客戶繼續履行他們的協議，也就是繼續支付保費。此外，我們認為，即使它在法律上是可強制執行的，實際上執行也會很困難。保險公司是否真的能向拒絕支付的客戶追討保費？公司將如何讓客戶付款？（我們將在第六章重新討論這些問題，屆時也將討論政府執行保險強制令所遇到的困難。）

由於保險公司無法強迫客戶年復一年繼續支付保費，如果另一家公司提供更有利的條款，客戶可能會轉換公司。尤其是客戶發現自己比想像中更健康，他們會轉向新公司尋找更好的交易，讓原公司只留下了「壞」的客戶，也就是生病的客戶。

亨德爾和利茲里認為，這就是為什麼人壽保險公司經常傾向提前收取保費——它們讓客戶在合約的前幾年支付比死亡風險更高的保費，後期保費金額則較低，因為一旦你已經預先投入了一大筆保費，就不太容易轉換到新的保險公司。

為了更具體地了解這一點，可以舉兩個健康的四十歲人士為例——這裡先稱他們為華特和巴特。當他們開始考慮為自己的家庭安排保障時，他們從太平洋全險保險公司(Pacific All Risk Insurance Company)購買了十萬美元的人壽保險，保費為每年兩千五百美元。兩千五百美元的保費反映了倒楣要保人和健康要保人的平均保險成本，前者比預期早逝，只支付了幾次保費，就讓保險公司支付了十萬美元的賠償；後者則因壽命超過八十歲，支付了十萬美元以上的保費。(每年支付兩千五百美元，活過八十歲就需要支付超過四十次保費，金額超過十萬美元。)

現在讓我們再看看華特和巴特五年後的情況。華特像往常一樣健康；當巴特進行健康檢查時，發現他的動脈堵塞、患有糖尿病，還有膝蓋不舒服。如果太平洋保險可以，它會取消巴特的保險，保留華特的保單(並繼續收取他兩千五百美元的保費)。但實際情況剛好相反：華特發現如果他四處比價，他能找到比太平洋保險公司更便宜的保險公司，保額卻是一樣的十萬美元。太平洋保險可以選擇是否滿足他的要求，或是讓華特被競爭對手搶走。同時，太平洋保險被巴特困住，巴特可能在還未繳滿足額保費前就去世了——這是一筆在他去世後，由太平洋保險支付給他子孫的十萬美元支票。

正如華特和巴特的故事所顯示的，留下的客戶合約，正好就是那些沒有其他人想要的人，因為他們對太平洋保險來說是一個糟糕的賭注。因此，太平洋保險不想在一開始就承諾提供任何一方的保險，除非有其他的解決方案，否則人壽保險不會有長期合約。我們回到了一年一次的合約世界，這種合約對人生的不幸並沒有提供太多保護。

一種解決方案是要買家提前繳付保障成本——理論上，這樣可以讓他們離不開這段關係。實際上，它將單方面的承諾轉變為雙方都有動力在一起，不管他們對自己或對彼此有多少了解。你可以將此預付款本身視為保險形式，保障未來可能影響保險公司是否更改合約的意外情況。

這樣說還是有點抽象，所以讓我們繼續以巴特、華特和太平洋全險公司為例。假設太平洋保險向華特和巴特提供了一份合約，最初每人要支付兩萬美元，之後每年支付兩千美元。假設兩人都認為這與原本每年保費為兩千五百美元的合約大致相同，所以兩人都簽約了。

現在請想想四十五歲的華特和巴特，一個健康，另一個非常不健康。身體虛弱的巴特仍從太平洋保險得到了很好的保障，預計在他離世之前只須再支付幾次保費。那健康的華特呢？如果合約設計得好，他仍然會很滿意地遵守他的合約。現在任何想誘拐他的保險公司，都必須提供華特每年只要繳兩千美元的保單。如果前期成本足夠高（而年度付款的金額足夠低），即使是最健康的客戶也無法被競爭對手挖走。現年四十五歲的華特可能會後悔，他在四十歲時付了兩萬美元給太平洋保險，當時他還不知道自己會比朋友巴特活得更久。但這就是保險的本質：付錢是為了保護自己免受風險，如果你幸運的話，你可能永遠不需要使用它。

像我們所討論過的所有「解決方案」一樣，這方法也不是完美的。在最極端的情況下，客戶可以一次性支付所有保費，之後不再支付任何費用。在實踐中，很容易看出為什麼這不會發生。例如，問問自己，如果保險公司不再因滿足顧客需求而獲益，它們的客服熱線還會有多麼積極主動呢？因此，我們再次發現要求人們提前支付部分、但不是全部的保費，只能解決部分的選擇問題。

那麼，現在怎麼辦呢？有些棘手。一方面，即使已經竭盡所能蒐集用來定價的客戶資訊，企業也有很多種方法可以嘗試減輕選擇問題，但這些「解決方案」也帶來了問題：在你真正需要昂貴藥物或自殺等情況下，無法獲得保障。因為提供的保險可能不是客戶所需，所以仍然存在選擇問題。政府的引導能提供幫助嗎？這就是下一章要討論的重點。

# 第三部

# 當政府介入時

## 第六章

# 如何控管顧客的「逆選擇」——政府應該監管嗎？

二〇一二年三月，最高法院對美國歷史上最具爭議性的選擇市場政策進行了裁決，該政策稱為平價醫療法案（Affordable Care Act, ACA），較為人所知的名稱是「歐巴馬健保」（Obamacare）。該法案要求每位美國人在二〇一四年前至少要購買基本的健康保險，未遵守者將面臨罰款，罰金為每個家庭兩百八十五美元或家庭收入的一％（以較高者計）；實施兩年後，罰金將提高至兩千美元以上或家庭收入的二．五％。[1]

ACA法案中的強制令理論基礎，在於確保該法律能夠「減少逆選擇，並擴大健康保險的風險池，包括健康的個人，進而降低健康保險費用」。[2]它繼續指出，強制令對於維持健康保險市場至關重要，尤其是考慮到該法律要求保險公司向所有人出售保險，不論有無既往疾病。換言之，如果政府想確保所有美國人都能獲得醫療保障，無論他們有何種既有疾病，就需要通過強制令來打斷逆選擇的死亡螺旋。這在學者耳中真是令人愉悅的消息——一定有人在傾聽！這份分析正是我們針對受逆選擇威脅的保險市場，在相關公共策略課題上所教授的內容（如健康保險市場，見本書第二章）。

不過，最高法院大法官們的辯論重點不在逆選擇，而是花椰菜。最著名的例子是，極端原意主義（originalist）法官史卡利亞曾問，這類強制令再擴大下去會怎麼樣：如果政府可以強迫美國人購買醫療保險，是不是也可以強迫他們買花椰菜？代表政府的律師唐納德．維里利（Donald Verrilli）回應說，醫療保險與花椰菜不同，原因我們已經討論過了。（法院裡自由派法官史蒂芬．布瑞爾（Stephen Breyer）也以他的司法權威，呼籲其他法官不要分心於「與此案無關的花椰菜。好嗎？」）[3]

但這個言論沒有發揮作用，無論個人強制令的命運如何，花椰菜成為了焦點：由首席大法官約翰．羅伯茲（John Roberts）編寫的判決，以及來自史卡利亞和其他保守派法官的不同意見（包含左派的露絲．拜德．金斯伯格（Ruth Bader Ginsburg）的部分不同意見）中，至少提到了花椰菜十二次。逆選擇只是偶爾提及一次。*

* 如果你想知道「花椰菜」風波的始末，這場動用整個法院的辯論主要集中在一個觀點上：無論保險身分為何，我們在某些時候都需要接受醫療照護。那些選擇放棄健康保險的人仍會獲得照顧，而其他人可能需要支付這些費用，因為醫院會拉高價格來彌補未保險人的醫療費用。因此，支持強制令的人主張，那些選擇不參與保險市場的人，事實上是將他們的醫療費用轉嫁給其他人。但羅伯茲反駁說，同樣的論點可能也適用於花椰菜，因為那些不吃葉菜類蔬菜的人註定會給社會帶來負擔，社會必須支付他們營養不良和病弱的治療費用。

將重點放在花椰菜，而非資訊不對稱，可能是因為這種形象生動地展示了國家像保姆一樣逼迫公民吃蔬菜的情景。* 這也可能是因為我們書中想要傳達的想法是微妙的：雖然史卡利亞法官和他的同僚們，一定理解資訊不對稱和瓦解的基本原理，但他們可能沒有完全認識到其對於市場運作的重要性，而在這些市場中，選擇扮演了關鍵角色。

前面的章節強調了企業面臨的各種選擇問題。其中一個反覆出現的情況是，企業只能解決部分的選擇問題。這引出了一個疑問，即政府是否可以制定規則，好確定市場的運作方式，使保險市場更加公平或高效。

強制每個人參加（像是歐巴馬健保的強制保險要求，或所有司機需購買汽車保險），是在逆選擇死亡螺旋開始之前，最簡單直接的阻止方式。但是，除了那些主張「政府別管我」的自由主義者之外，這種常見的解決方案也存在自己的問題。首要問題是，這項強制令是否真的執行，或者該如何執行：正如任何一位有小孩的家長都很明瞭，在晚餐時說：「吃你的花椰菜！」並不一定有效。那到底應該強制執行什麼？每個人都可能被迫購買健康保險，但何謂健康保險？必須涵蓋什麼內容？如果要求只是最低限度，那麼實際上和沒有要求也沒有兩樣：這等同於狡猾的幼童吃下最迷你的花椰菜碎片，然後說：「你看，我吃了！」不同的人可能合理地想要不同的東西。政府法令可能可以規定適當保障的範圍為何，但保險產品的選擇也因此受限（如果你想繼續用幼兒比喻，可能會有個非常狡猾的回應：「我為什麼不能從抱子甘藍中獲得維生素K呢！」）。

這件事是複雜的，但不代表我們應該再使用吃青菜來比喻說明。相反，我們需要努力理解政府法規如何影響逆選擇，以此為起點，了解如何設計出更好的保險市場規則。

為此，在本章中，我們將更仔細地研究緩解選擇問題的政策的動機和後果。我們將專注於兩個主要方案。其中一個是我們已經提到的強制保險，我們也會考慮政府是否應該補貼部分保險費用，以吸引人們購買保險。在第七章，我們將討論由隱私或公平考量所推動的政府政策，這些動機與選擇問題完全不同，但仍可能對選擇市場的運作產生意

* 在《紐約客》（*The New Yorker*）的評論中，亞當·高普尼克（Adam Gopnik）觀察到，基本問題在於沒有一位大法官知道如何正確地烹煮花椰菜。如果他們這麼做了，他們就會明白政府不需要強迫任何美國人吃花椰菜。相反地，官員只需要解釋花椰菜必須用烤的或打成糊狀（「法式」）來食用，而非蒸熟或生吃，這樣公眾就會要求政府強制控管花椰菜。資料來源：Adam Gopnik, "'The Broccoli Horrible': A Culinary-Legal Dissent," *New Yorker*, June 28, 2012, https://www.newyorker.com/news/news-desk/the-broccoli-horrible-a-culinary-legal-dissent.

想不到、有時是毀滅性的影響。這並不代表這些政策是不明智的；相反地，如果我們要明智地制定政策，我們需要了解它們所產生的取捨。

## 強制執行的命令

阿克洛夫於一九七〇年發表的經典研究「檸檬市場」，開啟了逆選擇的學術研究，並贏得了諾貝爾獎（我們在第一章討論過）。他將健康保險作為他的關鍵案例之一[4]，他認為，如果沒有要求強制投保，生病的顧客（檸檬）將湧入醫療保險市場，推高健康顧客的保險費用，然後這些健康人士就不會購買保險。〔請回想第一章所說，這為何讓人感到擔憂：那些健康但未投保的消費者，其實也需要保險來應對意外的醫療費用，但他們不想以反映高醫療保健成本（有健康問題的人）的價格來購買保險。〕阿克洛夫支持老人醫療照護保險——針對老年人而實施的強制性公共健康保險計畫，他認為這種強制性正是修正健康保險中逆選擇問題的良方。

正是這種推理，導致了大多數經濟學家，包括我們自己，直覺地認為強制令是解決選擇問題最佳且最直接的方法。從這個角度來看，二〇一〇年頒布的平價醫療法案中的健康保險強制令，提供了解決選擇問題的典型方法。事實上，這是經濟學家在一個世紀前就已預測到的方法。

在一九一六年，美國勞工立法協會（American Association for Labor Legislation）這個由勞工領袖和經濟學家組成的進步時代組織，發表了一份簡報，敦促各州政府為工薪階層採取強制性健康保險。這份簡報解釋了強制健康保險對於納入年輕健康族群來說是至關重要的，否則，保險計畫將「隨著其成員年齡提高，理賠負擔日益增加，從而被迫提高利率；然而高利率又無法吸引年輕成員，以致保險計畫最終可能無力償還，難以履行義務。強制保險，並保證每個保險公司都有年輕人進入保險市場，情況就會不一樣了」。[5]

換句話說，在歐巴馬健保的健康保險強制令出現近百年之前，以及在獲得諾貝爾獎的學術著作出現超過五十年之前，強制令的支持者已經了解保險死亡螺旋的基本原理，以及強迫性保險避免死亡螺旋的角色。然而，進步派並沒有如他們所願，就連最不熟悉美國歷史的學生都知道，要求每個人購買醫療保險還需要相當長的時間才能實現。

當二十一世紀初期終於出現強制令時，我們學到了兩件事情。首先，強制令正如阿克洛夫預測的那樣發揮作用：它們大幅減少了選擇問題，這是經濟理論（以及在重要市場中對抗逆選擇）的勝利。其次，我們所處的世界比學術模型預期的要複雜得多：強制令並不是萬靈丹。這迫使我們重新思考，當抽象理論遇到現實政策時，對強制令的定義是什麼。

## 政府如何強制健康的人加入保險

歐巴馬政府不是美國首個強制所有人購買健康保險的政府，這個榮譽屬於歐巴馬總統昔日的政治對手米特・羅姆尼（Mitt Romney）。羅姆尼在二〇〇六年擔任麻州共和黨州長時推出的健康保險改革，成為隨後二〇一〇年歐巴馬健保立法的模型。[6]

後來稱為「羅姆尼健保」（Romneycare）的法案，強制要求每位麻州居民都必須有健康保險。這項命令的結果正如阿克洛夫的模型所預測：強制令將更健康的個體帶進了保險市場。

這一點在二〇一一年一份對羅姆尼健保初期的分析研究中，得到很好的說明。該分析由麻州的三位衛生經濟學家阿米塔布・錢德拉（Amitabh Chandra）、喬納森・格魯伯

(Jonathan Gruber)和羅賓・麥克奈特(Robin McKnight)完成。[7]這項研究探討了麻州的一個計畫(目前稱為ConnectorCare),計畫成立於二〇〇七年,是羅姆尼所進行的健保改革方案的一部分,旨在為低收入受保人的健康保險提供補貼。

ConnectorCare的推出方式和新計畫的其他內容不同,使得研究人員能夠研究強制令的影響。儘管ConnectorCare於二〇〇七年五月上路,但強制令直到七月才生效,對於未遵守命令者的罰款直到二〇〇七年十二月才實施。這讓研究人員可以比較在強制令尚未完全生效的情況下(二〇〇七年五月和六月)有多少人加入了健康保險,以及在強制令完全生效後(二〇〇七年十二月之後)又有多少人投保。

對於我們(和研究人員)來說,幸運的是,州政府蒐集了所有計畫參與者的健康特徵和隨後的保險理賠資料。(這就是為什麼討論的是麻州而非整個美國——若想研究強制全國參與的歐巴馬健保,這種類型的資料並不容易獲得。)

資料與一個簡單的選擇模型預測非常吻合:ConnectorCare的第一波登記投保者,也就是在被要求前就已經加入的,是最不健康的人群。強制實施前的投保人平均年齡為四十五歲,約三六%的人已經被診斷出需要穩定(且昂貴)治療的慢性疾病,例如高血壓或關節炎。相比之下，強制令完全實施後，新投保的保戶平均年齡下降到四十一歲，只有二四%有慢性病。在實施強制投保之前，參保者平均每月的醫療支出和保險理賠平均為五百一十八美元；而強制投保生效後，這一數字下降至每月三百五十六美元。從選擇問題和市場解體的角度來看，這是一個重大成就：強制令和其罰款將客戶帶入ConnectorCare市場，醫療開支比在未強制下就選擇加保的人低三〇%以上。* 就像我們之前所說的，這是阿克洛夫理論的勝利！

## 有無罰則的強制性差異

然而，麻州的經驗也顯示出，想釐清現實世界中實施強制令的意義，會面臨什麼樣的挑戰。我們描述了二〇〇七年五月至十二月之間，該強制令「生效」，但尚未對違反命令者實施懲罰。你可能甚至沒有注意到，但這實際上非常重要。這引發了一個問題：如果你不懲罰他們不做某事，那麼要求人們做某事意味著什麼？

或者還有一個更廣泛的問題：「強制」每個人購買保險意味著什麼？又是同樣的回

答，對於「吃你的花椰菜」或任何其他父母的指令，一定會出現這類的頂嘴：「如果我就是不吃呢？你不能強迫我！」（還有，我們接下來會討論這些未來律師需要吃多少花椰菜，才叫做履行他們的吃花椰菜義務）。父母有很多方法來嘗試讓孩子們做他們要求的事情：哄騙、威脅，以及（也許）懲罰。政府手中的工具也同樣有限，這代表有時要讓人們遵守保險命令，就像普通父母試圖讓他們的孩童吃蔬菜一樣，成功機率感覺很低。

在首席大法官羅伯茲所撰寫的「花椰菜」判決中，這一點得到了驗證。[8] 他將每個美國人必須購買保險的要求稱為稅款，而非強制規定，從而保留了歐巴馬健保中至關重要（從逆選擇的角度來看）的強制要求。換言之，他認為，即使政府沒有強迫購買保險的權力，它也有憲法權利對不購買醫療保險的人民徵收稅款。然而，由於政府無法使用強硬手段，因此未加保而導致的罰款（或者應該說是「稅款」）不能任意提高。對那些沒有健康保險的人徵收每年十億美元的稅款，不會得到首席大法官的支持——這種實際上近似

---

＊　正如該研究的作者所觀察到的那樣，可能有些不太健康的人熱切地希望獲得保險，並抓住了早期獲得保險的機會，所以隨著時間的推移，那些克服懶散並投保的人越來越健康。然而，可以看到在強制令完全生效那天，數字出現非常明顯的跳躍，尤其是沒有慢性疾病的人群，這與「緩慢變健康」的假設相反。

強迫的嚴厲罰款是不被允許的。但是，如果罰款過於低廉——例如一美分，那麼實際上根本就沒有強制性了。

因此，在歐巴馬健保下購買健康保險的法律強制性，比在州際公路上每小時九十英里速限的法律強制性要弱得多。當然，第一次超速被逮，慷慨的警官可能會「降級」，只開立不遵守交通標誌的二十美元罰單。在那個時候，限速標誌更像是一種稅收，而不是命令。和高速公路巡警發生幾次衝突後，後果就是罰款升為兩百五十美元，這仍然是一種稅收，只是更加嚴重，然後就是吊銷駕照。如果你不停止超速，或者被抓到無照開車，罰款就會一直增加。罰款還可能會伴隨著監禁，在你第五次違反時最多為一年，這對我們來說聽起來相當具有強制力，至少與不購買健康保險的小額罰款相比強多了。[9]

一個強制令的有效性，取決於違反命令的懲罰嚴格程度。未購買保險的瑞士公民，在多次提醒後，將會被強制加保，並收取過去和未來的保費。由於這種無情的執法，即使沒有任何公共保險，保險給付項目覆蓋率也幾乎達到百分之百。相比之下，如果處罰相對渺小（或執法不力），那麼就沒有強制力可言。這讓人想起好萊塢喜劇天王羅賓．威廉斯（Robin Williams）在談論英國警察無能時的那句經典台詞。警察在英國被稱為「波比」（Bobbies），不攜帶槍枝，因此，威廉斯面無表情地說，警員可以做出最具威脅性的動作，就是大喊：「停止！否則我會……再說一次停止！」[10]

我們可以再次回到麻州，來看看罰款高低對結果的影響。在先前所說的麻州強制保險研究中，作者們還觀察了從二〇〇七年七月到十一月的「逐步推行」時期，法律已要求購買保險，但如果不購買，也不會罰款。他們將這個「中間期」的投保人與在該命令生效前（二〇〇七年五月和六月），以及在命令完全生效後（二〇〇七年十二月及以後）的投保人進行比較。在「逐步推行」期間，一些相對健康的人已經加保了，這些人在五月和六月之前還沒有這麼做，因為強制性推行尚未開始。顯然，對某些人來說，只要政府告訴他們做什麼，他們就會去做。

但是沒有實際威嚇力的強制令，對大多數人而言並沒有作用：ConnectorCare 計畫直到二〇〇七年十二月，實施罰款後才出現大量投保人，相對上個月成長了近三倍，相對於無罰款的過渡期，也帶來了更健康的投保人。如果你認為「沒有罰款的強制令」只是ConnectorCare過渡期一個奇特和暫時的小插曲，那你就錯了。二〇一九年，川普政府取消了不遵守歐巴馬健保「強制令」的所有罰款[11]，這就好像英國警察用大喊來威脅罪犯：「停止！否則我……什麼也不會做！」

即使有罰款（二〇一〇年最高收入者的罰款高達一千一百美元），麻州的強制令也未能讓所有人都購買保險。二〇一〇年，麻州在美國的無保險率最低，只有五％的居民沒有保險——這個數字很低，但並非零。但如果你知道在羅姆尼健保實施前，只有一一％的麻州居民缺乏健康保險（一樣也是美國最低的比率），那這個數字聽起來也沒什麼了。因此，儘管強制令和罰款絕對有所影響，但它並沒有讓未投保率降至零。（如果羅姆尼真的想把未投保率降到零，他可能可以借鑑瑞士的作法，提高罰款，不過我們認為瑞士式的罰款在美國可能行不通。）[12]

麻州的強制令是比較成功的。其他州在二〇一四年歐巴馬健保計畫下，實施聯邦健康保險強制令的表現更差。儘管強制措施得到最高法院的支持，但全國某些地區的未投保率仍極高。有趣的是，二〇一八年保費最高的州是懷俄明州，當年該州的每人未投保人數幾乎是麻州的四倍。麻州的未投保人數最少，健保費在某種程度上也是最低的。[13] 這正符合我們的預測，如果懷俄明州最健康、成本最便宜的居民選擇退出保險，保費就會增加（當然，這兩州的保費和未投保率還存在許多其他差異和影響因素）。換言之，若是民眾投保動機不足的州最後都會出現選擇問題，進而導致保險費高昂；在投保動機強烈的州，就不會出現低投保率和逆選擇的惡性循環。

執行強制保險的另一種「解決方案」是政府接管並直接提供保險，並從企業和個人的稅收作為資金，其中包括許多受惠於保險的人。這樣就不存在「強制執行」命令的問題了。這也正是政府向老年人提供全民醫療保險的方式。[14]

我們說過，政府直接提供保險只是一種對強制令問題的「解決方案」，這招也不是萬靈丹。雖然它處理了強制令執行問題，但仍有一個問題沒有得到解決，即強制保險的範圍是什麼。（這也帶出其他問題，例如政府取代安泰人壽和藍十字這樣的個人保險提供商，介入保險業務的成本與利益。我們將在第八章再稍作討論。）

## 保險業的「金髮女孩問題」

到目前為止，我們已將強制令定義為指示購買我們通稱為「保險」的產品。有鑑於我們在第五章花了很多時間描述公司為處理選擇問題，在設計保單時使用的各種合約方案，你可能已經意識到，這對於一個政策制定者實際上必須考慮的事情來說，可能有點太抽象了。

實際上，當政府實施強制保險命令時，它有責任定義在此命令下什麼是「擁有保險」。換句話說，政府必須決定何謂最低可接受方案。例如，在歐巴馬健保下，「最低接受水準」是聽起來充滿不祥預兆的「災難性」保險，這類保險主要目的就如名字所示，保護被保險人不至於因為昂貴的突發疾病而陷入財務災難。這些方案涵蓋預防保健，如免疫疫苗、乳癌篩檢和幾次醫生檢查等，這些治療都是希望長期能帶來更好的健康狀況和較低的醫療費用。除此之外，在你達到相當高的自負額前，這個方案不會支付任何費用；而在二〇二〇年，自負額是八千一百五十美元。*

法律要求各州提供最多五種預設的保障內容，從災難性保障一直到「白金級」保障，後者支付給付項目內醫療費用的九〇%。歐巴馬健保本可以強制要求提供最低的青銅級保障，這個等級的方案只比災難性高一點，至少支付醫療費用的六〇%。或者採取強制力較弱的規定，例如提供「災難性」保險，只有在病患自負費用超過災難性保險所要求的數額後，才支付其他費用（並且可能以適當折扣價格購買）。正如我們將看到的，最低標準的選擇和最高階選擇之間的差距，對於政府強制保險是否有助於解決選擇問題，或使問題變得更加嚴重，都是至關重要的。

正如代達洛斯（Daedalus）警告他的兒子一般，飛得太靠近或太遠離太陽都是危險的。對於不喜歡古羅馬詩人奧維德（Ovid）《變形記》（*Metamorphoses*）的讀者，可以想想《金髮女孩與三隻小熊》（*Goldilocks and the Three Bears*）的故事：小女孩品嘗了一碗太熱和一碗太冷的粥後，才知道什麼是「剛剛好」的粥。

＊ 應該注意的是，災難性方案正是經濟學家認為最接近保險本質的方案，至少對收入相對較高的被保險人而言是如此。保險的重點不在於每次看診時的醫療費用，而是在昂貴且意外的費用出現時提供財務保護，比如說，需要緊急切除的急性闌尾炎，費用高達兩萬五千美元。災難性計畫要求被保險人自負一定金額，超過這個數額的費用則由保險支付，這樣的安排正是提供上述情況的保護。資料來源：Centers for Medicare and Medicaid Services, "How to Buy a Catastrophic Health Insurance Plan," accessed November 2, 2020, https://www.healthcare.gov/choose-a-plan/catastrophic-health-plans/

## 這份保險涵蓋範圍太少了……

在佛羅里達州的汽車保險法案中，我們可以看到極簡主義的方法。州政府只要求駕駛人購買一萬美元的財產損失責任險，以支付肇事者對他人車輛或財產造成的損害；另外還有一萬美元的人身傷害險，以支付要保人及其乘客的醫療費用。佛州並未要求駕駛人購買身體傷害責任險，這種保險是在司機有肇事責任時，用以支付其他受傷者的醫療費用*；佛州是美國聯邦中唯一沒有此要求的州。佛羅里達州也不要求所謂的不足額保險——如果你被一個沒有購買前述身體傷害責任險的司機撞倒，這種保險將支付你的醫療費用。[15] 這些保險不是強制性的，但如果你上任何一家大型保險公司的網站，它們仍然會建議你購買身體傷害責任險和不足額保險。確實，在佛羅里達的保險公司網頁上，這是預設值；到佛羅里達許多傷害諮詢律師的網站上看，一樣也強烈建議購買這些保險。

佛羅里達州這種極簡主義強制令的問題在於，如果最低要求設定得太低，就好像根本沒有要求一樣。你可能在選擇附約時遇到選擇問題，這些附約主要是高成本投保人購買的。換言之，如果強制的目的是解決逆選擇問題，但強制要求很低，那就只是暫時迴避了問題，而選擇問題被轉移至有意義的（即超過最低要求）保險市場。

由於最低和最高保險方案間的巨大差距，許多州根據歐巴馬健保法案強制要求民眾加入健康保險時，就會看到這種情況。很容易想像，那些根本不想購買保險的人，將會選擇最便宜、最少保障的選擇——災難性計畫或是青銅方案；高成本且健康不佳的被保險人更有可能購買保障更全面的黃金或白金方案，進而推高保費，並將健康的人推入給付項目較少的選擇中。（記住為什麼這是個問題：許多健康的人可能會更喜歡擁有黃金或白金等級的保險選擇，以及它帶來的安心感，他們也願意為更高的保障支付更多費用，但前提是「支付更多」意味著支付比預期理賠金額略高的保費，而不是支付比患病實際開銷略高的保費。）

事實上，你並不需要運用你的想像力，你可以從歐巴馬健保法案投保人的真實醫療費用中看到這一點。由於經濟學家彼得羅・特巴爾迪（Pietro Tebaldi）博士論文中對加州

---

* 如果你有酒駕犯罪紀錄，佛羅里達州會要求你未來必須購買身體傷害責任險。我們認為這種強制保險有點太少、太遲了。資料來源：Mark Fitzpatrick, "Cost of SR-22 & FR-44 Insurance in Florida and How Coverage Works," ValuePenguin, March 5, 2021, https://www.valuepenguin.com/car-insurance/sr22-fr44-florida.

保險市場的研究，我們獲得了該州醫療保險市場投保人的醫療理賠資訊[16]，從災難性保險到白金級保險，被保險人的醫療保險理賠逐漸增加。最引人注目的是，白金方案的被保險人每年平均醫療理賠金額為九千美元，幾乎是前一等級黃金方案的兩倍。因為白金會員一開始就不是那麼容易生病的人，我們也對出現如此大的差距感到意外。和生活中的所有事情一樣，凡事都存在著取捨——不同的方案為加州提供了不同的保險選擇，這樣他們就可以選擇最適合自己偏好的計畫。但是，在選擇的背後，就存在選擇問題，以及由此而發的種種困難。

## 這份保險涵蓋範圍又太廣了……

現在讓我們轉向另一個極端，即強制要求過多承保範圍。在汽車保險中也可以看到，如果我們從佛羅里達一路沿著東海岸向北前往緬因州旅行，佛羅里達州沒有強制加保汽車傷害責任險，緬因州則要求每人五萬美元的保險金，僅次於阿拉斯加州，並且比次高州幾乎高出七〇%。同樣的情況也適用於不足額保險——佛羅里達州不需要，而緬因州的最低保額為五萬美元，至少比其他州的最低保額高出兩萬美元。[17]

為什麼我們要在意緬因州的監管機構是否希望該州的駕駛人投保齊全？因為這可能需要比多數緬因人需要或想要的保險更多——換句話說，比在沒有逆選擇的世界裡會購買的保險還多。一個「線索」是，如果緬因州的每個居民都可以只選擇最低限度的保險，很有可能大多數駕駛人都會選擇少買一點保險。

我們無法取得緬因州的保險紀錄，但我們有我們的懷疑。我們也有其他情境的例子，政府強制要求購買比許多或甚至大多數人需求更多的保險：直到二〇一五年，英國政府要求所有公民將至少二五%的稅收優惠退休儲蓄投入年金保險中。[18] 這相當於要求在退休時至少將個人退休投資帳戶（individual retirement account, IRA）或401（k）退休福利計畫中，任何退休儲蓄的二五%以年金方式支付。（回想一下，第三章曾討論過年金是壽險的反面：它們每月支付，直到你去世。因此，它們可以保障的是退休後「活太久」而耗盡資源的風險。）

這項政策的目的在限制退休年金被長壽的英國人主導，如果發生這種情況，將引起價格上升且健康年金受領人越來越少的不可逆循環，這個問題我們在第三章已討論過。然而，結果也顯示，實際上英國沒多少人想要購買年金——在二〇一五年不再強迫年金化後，市場參與率下降了約七五%。19

## 什麼才是「剛剛好」？

「剛剛好」的強制規定是在嚴苛與寬容之間、在過多和不足之間保持平衡。如果強制要求的保障範圍過小，我們可能會陷入一個接近自由市場的世界，完全沒有要求，進而造成選擇問題。未投保的問題會被與其密切相關的問題——不足額保險的問題所取代，任何超出強制保險範圍的事項都會出現選擇問題。因此，低風險的人士仍然非常需要全面保險提供的保障，但可能只選擇強制性的基本保障範圍。

如果強制要求的保障範圍過大，選擇問題就不再是問題。現在每個人都獲得了充足的保障，問題在於有些人可能獲得過多保障，保障過度可能聽起來像是一個奇怪的問題，就像好東西過多一樣。但如果你想起生命中許多好事可能是免費的時候，保險並不是其中之一。（在這裡，我們和可可・香奈兒（Coco Chanel）意外地達成了共識，據說她曾說過：「生活中最好的東西是免費的，第二好的東西是非常非常昂貴的。」）

必須有人為強制性保險負擔費用。可能由客戶負擔——如強制汽車保險的情況，這代表他們想購買喜歡東西時的錢變少了。當然，他們也喜歡保險和它所帶來的安全感，但是在某種程度上，喜歡有其限度，他們寧願把錢省下來買輛更好的車。既然人們可能在這種權衡上有不同的取捨，畢竟他們有不同的預算，或許對如何運用這筆預算也有不同的看法，那麼太過昂貴的強制保險可能迫使一些（甚至可能很多）客戶購買超過他們希望的保障。強制性保險費用也可能由納稅人負擔，就像政府資助的老人醫療照護保險。但這也是有代價的——代價是稅收變高，或用於其他事務的政府資源變少，例如建造道路或聘請更多教師。這就是為什麼「要求每個人擁有全面的保險」也不是萬靈藥。

那麼，這種難以捉摸的「剛剛好」保障範圍到底是什麼呢？我們很想用一個神奇的公式結束這個小節，這個公式可以產生出確切的罰款和最低保障範圍，提供完美的妥協方案。當然，我們無法做到。讓小女孩吃到適當溫度的粥很容易，而要弄清楚健康保險、汽車保險或其他強制性保險的「適當」保障範圍，則難上非常多。

我們依賴阿克洛夫經典檸檬模型這樣的抽象理論有一個原因，就是要把世界簡化到最簡單、最顯著的特徵，這樣可以說明「死亡螺旋」如何發生，以及在抽象層面上，強制保險可以直截了當地解決該問題。

當我們從抽象思維轉換到實際行動時，對於政策制定者來說，了解簡化模型的基本知識是很有價值的。然而，同樣重要的是，要考慮到實施一個看似直接的強制命令時，所產生的細節和權衡的複雜性。佛羅里達和緬因州的監管機構對於如何設定強制保險，就有截然不同的結論。對於市場需要多少干預，每個人可能都帶著不同價值觀和預設觀念來回答這個問題，我們不打算讓答案往某個方向傾斜；相反地，我們希望強調它們所做的權衡，甚至是一些辨別它們是否往某個方向嚴重偏差的方法。

## 補貼那些最不需要補貼的人

大毒梟巴勃羅·艾斯科巴（Pablo Escobar）有名（或者應該說是惡名昭彰）的是，他向哥倫比亞警察和政府官員提供了一個選擇：「銀子還是子彈。」[20]大多數人幾乎不需要說服就選擇了裝滿一百美元鈔票的手提箱，而不是一顆爆頭的子彈。

政府也會使用獎勵和懲罰來鼓勵或阻止各種行為，就像政策制定者可以挑選保險項目必須涵蓋哪些醫療保健行為，才能滿足所有人擁有健康保險的強制要求。它們可以挑選具體的行為，透過罰款懲罰或透過補貼獎勵。

在鼓勵理想行為時，通常有懲罰（在我們的情況下，就是以強制性罰款威脅「加入或受罰」）和獎勵。對於加保，誘因包括補貼，讓投保更便宜，也能更有吸引力。我們會發現，在保險政策中，像艾斯科巴的最後通牒一樣，人們可能同時獲得獎勵和懲罰，以鼓勵他們從社會的角度做出「正確」的選擇。

簡單來說，補貼和未遵守強制令的罰款（或「稅收」）實際上沒有太大差異，一邊是胡蘿蔔，另一邊是棍子，但兩者都是推動每個人朝著購買保險的方向前進（正如艾斯科巴的胡蘿蔔和棍子，都會促使哥倫比亞警察忽略他的走私行為）。歐巴馬健保的醫療保險交易所，之所以能在財務罰款消失後存活下來，是因為政府補助金仍然存在，因此即使是相對健康的人，仍然覺得參加保險是值得的。

當麻州的強制保險懲罰政策生效時，我們看到了懲罰的選擇效應——更多人投保以避免罰金，而且他們比罰款實施前就加入的人更健康。我們還可以看到，胡蘿蔔在麻州和其他州也有類似的效果。當政府補貼健康保險時，投保的人往往較健康。[21]

此外，每個人的胡蘿蔔（或棍子）都是不同的。或許我們應該給最有需要的人更高的補貼，像是老年人和病弱者，因為對於他們來說，健康保險可能是最貴的。或許吧，但有時對於幫助老年人和病人來說，最可行的政策其實是補貼年輕人和健康人。

這聽來好像讓人困惑，因為它的確如此，這是一個微妙且有點反直覺的論點。所以請耐心聽我們解釋，為什麼從理論上來看，這可能是一個好主意；然後再以證據說明，在現實情況中，資助年輕和健康的人可能有助於老年人和病人。提前警告：接下來的內容可能會很難理解，若是想要跳過、直接閱讀本章的最後一節也沒關係。

為什麼即使你的主要目標是幫助社會中最弱勢的人，卻可以透過補貼年輕人和健康人實現？而且他們在財務上比老年人和體弱的人更富裕啊？基本的想法是，針對較健康的人提供補貼，可能會吸引足夠多的健康、低成本的人加保，以便病患受益於較低的保險費。如果加保的健康人夠多，就可以降低整個市場參與者的平均保險理賠金額，進而降低保費。這可能意味著幫助病重、最有需要的人，最佳方法不是補貼他們的保險，而是把補貼直接給健康的人，「賄賂」他們參與市場，從而降低整體保險成本。

我們知道……聽起來很奇怪。試著跟多發性硬化症或糖尿病這類高成本患者說，我們不會幫他們支付自己的保險費，「為了他們好」，我們反而要補貼他們健康的鄰居。這就像爸媽總是老套地告訴孩子們，處罰他們也是為了他們好。父母不斷這樣說，是因為他們相信這是真的，但那些聽話的人有不同的感受也是可以理解的。

希望一個相對簡單的假想例子，有助澄清這個想法。我們要做一些極端假設，這是理論經濟學家為了說明一個想法經常做的事情。對於不喜歡這種抽象數字（或更廣義的理論經濟學），而喜歡專注於當下情況的人，可以直接跳到本節末的重點。我們已經提供了基本的理解，如果細節不是你的菜，跳過它們也不會有任何壞處。

想像一下，世界由兩種人組成：健康的人和生病的人；健康的人每個月預期產生約六十美元的醫療費用，病人則預期約一百美元。然而，這僅是期望的平均值。有時候健康的人會感染流感，或是跌倒摔斷腿，從而導致更高的醫療費用。有時候，生病的人可以整個月都不需要接受任何治療，但有時他們

**表一**

| | 健康的人 | 患病的人 |
|---|---|---|
| 預期支出 | $60 | $100 |
| 對客戶的價值 | $70 | $150 |

會經歷非常非常糟糕的一個月，最終可能面臨高於預期的醫療費用。這就是為什麼這兩類人都想購買保險，甚至願意支付超過他們預期每月費用的金額。正如我們在第一章討論的那樣，多發事故的十幾歲駕駛和從未收過超速罰單的中年母親，兩者都願意為保險支付超過他們預期理賠金額的費用。

表一我們總結了這些數據。健康的人和病人都願意支付比他們預期費用更多的保險費——健康的人願意支付高達七十美元（即使他們平均只有六十美元的支出），而病人願意支付高達一百五十美元（即使他們預期的支出只有一百美元）。

換句話說，如果顧客能夠按照他們的類型收取「正確」的保費價格，每個人都會想購買保險：在每種情況下，保險對客戶的價值高於保障的總成本。病情嚴重且花費較高的人預期每月支出為一百美元，然而一旦加上保險提供的肯定和安心，他們也很樂意支付高達一百五十美元，創造了五十美元的價值。對於健康的客戶來說，也存在類似創造價值的機會，因為他們願意支付比保險公司成本高出十美元的保險費。

然而，如果保險公司無法鑑別出哪些客戶是健康的，哪些是生病的，只有非常嚴重的病患才會買保險。例如，想像一下，保險公司收取足夠低的價格來吸引兩種顧客，假設是六十五美元，他們會吸引到健康和病患客戶，雖然從每位健康顧客身上可以獲得五美元的利潤（因為他們平均只有六十美元的醫療支出），但每位患病客戶平均卻得損失三十五美元，因為他們的成本平均為一百美元。這不是一項風險投資，是一門糟糕的生意。

假設現在保險公司能夠分辨誰是病患，誰不是，但政府強制保險公司對所有人收取統一價格。（如果目前你都還能理解，你可能會認為從選擇市場的角度來看，這聽起來是不明智的，我們當然同意。但是，正如我們將在第七章中討論的，政府希望採取單一價格政策還有其他好的理由：最明顯的理由是，單一價是公平的，沒有人因出生時患病或殘疾而受到懲罰。）這大致上就是歐巴馬健保強加的要求，這項規定為保險公司帶來的問題，和完全看不到客戶的任何資訊毫無差別。無論在哪種情況下，保險公司都無法根據個人情況來制定價格。

## 怎麼定價才不會賠錢？

在這種情況下，保險公司唯一的選擇（如果它不想破產），就是將保險價格設定在一百美元以上，以吸引高風險的客戶（平均成本為一百美元）並賺一些錢。這對身體健康的人來說是不好的；他們要支付的價格超出了市場範圍，即使他們重視保險並願意支付超過保險成本的費用，也無法得到保險。這正是本書一開始討論的，美國航空公司推出AAirpass、一九八〇年代西好萊塢居民的問題中，所看到的標準逆選擇問題。

但既然你已經來到第六章，請繼續跟著我們，我們將說明選擇市場進階課程（如果有的話）可能教授的內容。為了說明反直覺的結果，也就是如果政府提供健康的人健保補貼，病人可能會受益，我們再增加一個可能出現在現實生活中的假設：因為每個人的食衣住行都要花錢，無論能得到什麼保障，沒有人能負擔得起每月超過八十美元的保費（健康狀況最糟糕的人，通常也是最貧困的人，因此這個假設對這個族群來說可能特別合理）。

現在我們期望有什麼結果？任何保費超過八十美元的保單都沒有意義，因為沒有人負擔得起。以剛好八十美元的價格提供保險，只會吸引生病的人並損失金錢。即使將價格設定為七十美元，也無法解決保險公司的問題——現在它也會吸引健康的客戶了，但正如前面已經說過，患病客戶帶來的損失將超過健康客戶的利潤。在我們（過度）理想化的例子中，有限的資金和選擇問題將使市場完全枯竭。

這就是令人驚奇之處。假設政府認為這個市場無法自行生存，因此採取行動支持，給予任何投保人十美元的補貼，會發生什麼事情？現在，保險公司可以提供一份保單，保費為八十美元：在十美元的補貼下，健康的客戶會購買（因為他們願意支付七十美元的保費），非常嚴重的病人也會購買。保險公司願意提供這份合約，因為支付患病客戶的醫療支出（一百美元）造成每位客戶二十美元的損失，可以被支付健康客戶的醫療支出（六十美元）後每位客戶二十美元的利潤所抵銷。

然而請注意，對健康狀況極差的人來說，這種補貼就像一種贈品，即使沒有這十美元，他們也會熱切地想加保。這將讓生病和虛弱的人口袋裡多了些錢，他們可能真的需要額外的現金，但這並不會以任何方式影響健康保險市場的運作。

而且政府可能沒有足夠的財政能力來補貼所有人。如果只能給一個群體補貼十美元，該給誰？（請記住，可以觀察誰生病、誰健康，但就像在歐巴馬健保醫療保險交易所一樣，保險公司必須對所有客戶收取相同的費用。）你的第一反應可能是把錢給最需要的人，也就是嚴重生病的人。但這實際上不會有什麼作用：保險公司仍需要將價格降到七十美元，才能吸引到健康的客戶。以那樣的價格，連病重的人都想買，這筆生意就賺不到錢。也就是說，對於生病者的十元津貼根本沒有作用，因為沒有人出售保險，也沒有人購買，也沒有人獲得補貼。如果只有健康客戶才能獲得十美元補貼呢？現在我們又回到保險公司可以用八十美元有利可圖的價格，來提供保險給所有顧客的情況。

這個例子有一個相當驚人的特點——補貼健康客戶對患病客戶帶來的助益，比直接補貼患病客戶更多：補貼病患不足以阻止市場崩潰，所以他們甚至根本無法使用補貼。除此之外，針對健康客戶提供的十美元補貼，其實幫不到健康客戶：他們的十美元補貼讓保費降為七十美元，正好支付他們的保險成本。最後，對於那些患病客戶的十美元補貼，也幫不了保險公司，這些公司只能賺取僅夠維持運作的收入。所有好處都歸給最需要的客戶，他們用八十美元保費，得到了一份價值八十美元的保險，但如果他們能負擔得起，他們其實願意支付一百五十美元。

看！現在你知道生病的人會想要政府補助的是健康客戶，而不是他們自己了吧。

嗯……（我們聽到你在自言自語了）我們一定是操縱了模型，才會得到這麼奇怪的結果。我們認罪。我們確實「想像了一個世界」，以達到我們想要說明的結果。但我們這麼做，是希望清楚地表明（或至少清楚一點），在一個還算合理的想像世界中，這種奇怪的結果其實是可能成立的。

不過，還是一樣，這種可能性不只是想像，有證據顯示這是真實存在的。我們曾提過特巴爾迪有關加州健康保險交易所的論文，就是一個例子[22]，他的分析顯示，我們剛剛勾勒的簡單模型在兩個重要方面符合加州的數據。首先，年輕人的保險理賠率往往較低——這不奇怪。其次，年輕人的保險購買決策對價格非常敏感，事實上比老年人更敏感。這代表專門針對年輕人的補貼，不僅能吸引成本較低的客戶，同時也會吸引大量即使只有小幅折扣也會投保的客戶。當企業可以稍微降價來擴大銷售時，它們會覺得這是值得的——因為提升的銷售量可以完全彌補每位客戶降低的利潤。藉由降低保險群體的成本，並使其對價格更敏感，對年輕人的補助將觸發保險公司下調價格，進而使所有客戶受益。特巴爾迪指出，事實上，青年補貼比老年補貼更有利於年長者，這與我們在範例中對保險市場的簡化描述所看到的相符。

馬修．潘漢斯（Matthew Panhans）在博士論文中，對科羅拉多州的醫療保險市場進行了類似的分析。[23]（對於新興的健康經濟學家來說，歐巴馬健保市場中的逆選擇顯然是一個受歡迎的話題！）他研究了不同的州，並採取了略微不同的研究方法，但得出了非常相似的結論。首先，他發現降低保費對吸引健康客戶非常有效，因此投保人的平均醫療費用和保費下降的速度幾乎同步：每減少一美元保費，投保人的平均保險理賠額減少了零點八五至零點九五美元。然而，潘漢斯也發現，提供所有購買保險的人同樣折扣，並非吸引人加保最好的方法。

事實上，像特巴爾迪一樣，他發現幫助病人的最好方法是補貼年輕人（他們也更健康），而非老年人。他的結果表明，除了最年長的人，每個年齡組都應該得到補助。當然，所有人都喜歡折扣——無論是病人還是健康人。但如果目標是以納稅人最低的成本讓所有人都得到保障（這通常是目標），那麼可以透過僅向年輕人提供折扣，來實現更低成本的保障，同時也使老年人受益。

## 用良好的政策，為保險市場對抗逆選擇

迄今為止，我們所討論的結果顯示，設計和執行良好的政策可以幫助保險市場對抗

逆選擇，並更好地運作。強制令（罰款或稅款，隨便最高法院想怎麼稱呼它）可以讓健康人進入市場，在麻州的案例中，我們非常清楚地看到了這一點。

理論上，歐巴馬健保的保險交易所和以「花椰菜」而聞名的強制令，在其他四十九個州也實施了。然而，其他州的保險價格更高，投保人數也遠比麻州少，這突顯了理論和實踐間可能存在很大的差距。在這種情況下，問題並不在於模型——正如我們所說，麻州的經驗對經濟理論來說非常成功。但是，政策制定者的選擇可以用各種方式操縱現實中的政策，從而使理論無法有充分的機會發揮其神奇之處。

經濟學可以幫助我們制定出，比歐巴馬健保罰款或一致性補貼更有效的政策。特巴爾迪和潘漢斯的研究強調，借助經濟思維並仰賴數據支持，我們或許能夠設計出讓政府支出成本更低，且對每個人更有利的保險市場。

但還有一個問題：選擇一套經濟上合理，又在政府上可行的規則，對政策制定者來說是個困難的挑戰。就像之前例子所說明的，補助加州最健康居民的保險費用，在經濟上可能是合理的，即使對那些醫療費用較高的人也是如此。不過，可以想像「為最不需要的人提供醫療保險補貼」，在公眾輿論中可能不太受歡迎。老年人、病人和有需要的人可能和任性的孩子一樣，當父母或國家向他們保證這是「為了他們好」時，都會心存懷疑。這可能是為何沒有政府採用補貼年輕和健康人這個想法的原因。

因為與研究選擇市場的學術經濟學家不同，政府政策可能存在其他目標，不只是拯救市場不受選擇問題影響。有時候，政策制定者可能完全沒有考慮到選擇問題，然而，即使政策的制定完全與選擇問題無關，仍然可能對選擇市場的運作和效果產生影響。

有時候，結果是幸運的。為了確保有資金能賠償因魯莽（且破產）的司機而受害的人，全美五十州都強制實施汽車責任險。從一九七〇年代初開始，聯邦政府要求建在氾濫平原上的房屋，申請政府貸款時必須購買洪水保險。此規定是因為政府厭倦了總是必須救助那些沒有保險的冒險型屋主，他們總是喜歡在墨西哥灣沿岸建造脆弱的房屋；但沒有一個政治人物可以抗拒進入災區，戴著安全帽四處走動，並向那些未投保的人承諾提供聯邦救濟。[24] 儘管這些強制令並非出於選擇問題，但它們的確對解決問題有所幫助。好駕駛無法退出汽車保險，自一九七〇年代以來，在氾濫平原上有申請貸款的屋主，也無法根據房屋抵抗颶風的能力，或對保險公司提出理賠的頑強決心，選擇性地購買洪水保險。這些都是「雙贏」的情況——一項政策同時實現了兩個目標。*

不過，有時結果沒有那麼幸運。許多保險市場的政策都是為了處理隱私和公平等方面的擔憂——這是非常令人欽佩的目標。然而，如我們將在第七章中看到的那樣，保護隱私和改善公平性的努力可能會與選擇問題相衝突，造成了不必要的逆選擇，這導致制定政策時出現嚴重矛盾。這裡沒有對錯之分，只有權衡取捨。

* 汽車保險其實是一個有趣的市場範例，政府制定了兩套互相對立的法規，兩個法規都和逆選擇完全無關，但都會以不同的方向影響選擇問題。首先，為確保能以相近的價格購買保險，大多數州限制保險公司的定價演算法中可以使用的客戶屬性。因此，公司無法對那些明知更容易發生事故的客戶，收取更多的費用——法規若禁止使用相關數據進行定價，就等於保險公司根本無法獲得這些數據。這些價格限制可能會加劇選擇問題。另一方面，強制要求駕駛人購買汽車保險的措施，原本的目的在保護受害者因魯莽且無保險的駕駛人造成損害時，無法獲得補償，卻產生了相反的效果。這些政策可以解決選擇問題：由於所有車主都必須購買保險，低風險、低成本司機不能選擇放棄日益昂貴的汽車保險，惡性循環就無法開始，因為從一開始就不允許有人選擇退出。

# 第七章
# 隱私和公平的重要——應該揭露顧客的健康訊息嗎？

在過去的一週中，你應該一定點選過同意，賦予別人使用你某些個人資料的權利，有可能還不只一次。每次安裝應用程式，都會有一些公司開始追蹤你。偶爾會出現警示，引起我們的注意力：「你的應用程式知道你的經期到了。猜猜它告訴了誰？」「到處都是偷窺的眼睛，現在它們都知道了。」[1]

在資訊時代撰寫有關客戶私有訊息的書，我們沒有忽略其中的諷刺。我們生活的世界中，據稱目標百貨公司（Target）可以比父母更早發現一個十幾歲的女孩已懷孕，而蘋果和Google也真的能追蹤你的每一步行動。在這個世界裡，這些公司蒐集資料以發送廣告或優惠券，有時定位會精確到你以為它們偷聽了你的對話（也許真的是），或是讀取你的想法（就我們所知，它們沒有這樣做）。

在亞馬遜伺服器上儲存的資料，最終可能交給保險公司使用，好向潛在客戶投放廣告——當然是發給那些不會經常發生事故或疾病的好客戶。保險公司也可能會使用這些資訊，為你提供個人化的價格，或決定是否願意讓你成為它們的客戶。你的健康應用程式、駕駛應用程式和購物應用程式的資料，可能會提供有關你的健康狀況或謹慎程度的線索，從而決定你需要支付的保險費。如果保險市場可以不停地監視我們，將有助於市場高效運作，但這也給人反烏托邦和極其毛骨悚然的感覺。

在這樣的世界中，客戶仍然可以對保險公司保守祕密，這似乎有點令人費解。即使在第二章中我們曾用一些篇幅說明這些祕密可能是什麼（並推測了一些我們不能看到的祕密），這仍然令人不解。

事實證明，許多客戶的「祕密」並非保險公司無法發現，而是即使知道也不允許發現或利用。為了保護客戶隱私或促進公平，政府常常限制保險公司在提供客戶保險方案時，可以蒐集或使用的資訊範圍。

從選擇市場的角度來看，政策似乎和其目標完全相反。在第六章中，我們描述了政府為了打擊逆選擇，以強制令和補貼為手段，投入相當大的努力和注意力，然而，政府卻又立法將祕密合法化，創造了私有訊息！這是什麼原因呢？

這一定不是用政府無能的陳腔濫調可以解釋的，相反地，這個情況說明了在設計影響保險市場的政策時，幾乎不可避免會出現一系列重大的矛盾和衝突。如果保險公司被允許使用所有可用資訊，且能自由設定價格，選擇的問題就會消失（或者至少趨近於消失），讓市場發揮其效率的奇蹟。

這就是問題關鍵所在：一方面，旨在促進平等的法律，可能會加劇逆選擇；另一方面，為了限制選擇而設立規定可能看起來不公平。很少有「兩者兼得」的選擇，通常只有妥協和權衡。

了解權衡取捨（促進效率可能會減少公平，促進公平可能會降低效率），有助於讓我們更清晰地思考如何平衡這兩個目標。本章正是關於這些困難的權衡取捨，以及政策達成的妥協結果。

## 基因的事都留在基因公司，是這樣嗎？

基因（DNA）測試對於想追溯自身起源的人們而言是一大福音。那個金髮的手足是不是來自一場暗通款曲？你瘋狂的祖母聲稱她是成吉思汗的後代，這個說法有沒有真實性？* 如果你往試管中吐口水，然後將它郵寄給某一家提供基因分析服務的公司，那麼或許能解開部分謎團。同樣的分析或許也能提供關於你基因命運的線索——是否更容易患上帕金森氏症、阿茲海默症等疾病。

23andMe是直接為消費者進行基因測試的先驅者，在二〇一〇年，該公司的基本服務收費為一百九十九美元。[2] 如果你考慮將口水寄過去評估，你可能會想知道該公司還可以透過出售你的訊息賺取額外利益。基因代碼會被賣給製藥公司，幫助它們開發新藥。你可以想像，保險公司也很想拿到23andMe的數據，因為若在那些人投保前，知道誰最有可能患帕金森氏症或其他嚴重疾病，將是非常有用的；這樣一來，保險公司就可以收取更高的價格，或完全拒絕提供保險。

* 這完全有可能。根據二〇一〇年的一項研究，今日大約每兩百人就有一個人可以把成吉思汗列為祖先。資料來源：Razib Khan, "1 in 200 Men Are Direct Descendants of Genghis Khan," *Discover*, August 5, 2010, https://www.discovermagazine.com/planet-earth/1-in-200-men-direct-descendants-of-genghis-khan.

但23andMe及其競爭對手們，大多不能將關於帕金森氏症或阿茲海默症等風險資訊賣給健康保險公司。根據二〇〇八年《反基因歧視法》（Genetic Information Nondiscrimination Act, GINA），健康保險公司禁止使用任何基因資訊，決定是否向投保人提供保險，或作為設定客戶保費的依據。這是一系列的規則和法規，有些是國家層面的，有些則因州而異，它限制了保險公司對潛在客戶和現有客戶的了解程度，以及它們在制定價格和拒絕標準時可能使用的資料。公司不能拒保有六個小孩的家庭，卻又向一對無子女的夫妻提供保障；即使前者至少有六個理由指出她更有可能預見自己的房屋被燒毀，或遭受其他損壞。加州禁止汽車保險公司根據與駕駛紀錄無直接相關的任何因素進行定價；因此，不能依郵遞區號或信用等級來定價。但事實證明，信用等級在某種程度上，與某人未來發生輕微事故的機會有相關性。在歐巴馬健保醫療保險交易所提供的保險方案中，不能根據種族或性別設置不同的價格，也不能向曾有健康狀況的人收取更高的費用。[3]

在這種情況下，可以很清楚看出這些法律是基於公平性的原則，這一點超出了隱私權和個人是否有權決定誰可以看到他們資料的問題。已經贏得基因樂透的人，還能享有較低的壽險和醫療險保費，這似乎不公平：為什麼那些出生即因基因而身陷不幸的人，還要因保險費用過高而再次受到懲罰？同樣地，生活在貧困中的人是否應該因為汽車保費過高，讓他們的財務狀況更加拮据，只因低收入社區可能更容易發生汽車竊盜？如果根據與駕駛紀錄無直接關聯的資料來設定汽車保險價格（例如信用評分與所住社區的收入、性別或種族），似乎不合理，政府需要對汽車保險公司定價演算法中使用的數據進行限制。

## 如何權衡公平與效率？

但是，如果出於公平性的考量，我們決定禁止公司「懲罰」個人的不幸，或是禁止以定價決策加劇不公平，就是剝奪了保險公司應對選擇問題的重要工具。我們可能會創造出更公正的世界，但這個過程中也創造了選擇問題。一切都需要權衡。

這些權衡最終可能讓人覺得政策相當隨意。23andMe不能將你的基因數據賣給健康保險公司，但可以賣給人壽、傷殘和長期照護保險提供商，未來健康風險訊息對它們同樣具有價值。*噢，那個不能賣給健康保險公司的規定呢？對於員工在十五人以下的公司，雇主提供的健康保險有例外規定，在這種情況下，23andMe可以自由行使其權利。[4] 這種不一致反映了不同的監管機構在思考隱私、公平性及效率等議題時，存在不同利益的衝突和不同權衡的拉扯。監管機構也試著合理運用新技術，但技術變遷的速度或許快到立意良善的政策制定者也很難跟上。

一旦我們理解了平等待遇和選擇之間的基本權衡時，就更容易看到，政府一系列的規定對保險市場的運作具有根本性的影響，儘管立法動機與保險無關。一個顯著的例子是一九六四年的《美國民權法》（Civil Rights Act）和後續強化與擴展最初法案的立法。這些法律旨在實現甘迺迪（John F. Kennedy）總統的目標，即「讓所有美國人享有在公開設施中接受服務的權利，包括旅店、餐廳、劇院、零售店等類似機構」。[5]

接受服務的權利也意味著無論哪個種族，都享有平等待遇的權利。不能再叫美國黑人坐到公車後排，或被安排在餐廳的隔離區；搭乘同一班公車或享用同樣的餐點時，也不能收取不同的價格。（國際民權中心和博物館展示了一台雙面可樂機，在「白人」一側顯示的價格是五美分，而在黑人的一側是十美分。）[6]

這些法律在一定程度上受到抗議不公行為畫面的影響，那些畫面令人難忘：南方的黑人學生坐在伍爾沃斯百貨公司（Woolworth's stores）中的白人用餐區裡，還有幾個白人支持者陪伴在旁，而周圍的白人群眾則嘲笑不已；在阿拉巴馬州蒙哥馬利市，羅莎・帕克斯（Rosa Parks）坐在公車前座，平靜地望向窗外，身後坐著一位不悅的白人男子，這張照片已成為代表性的影像。〔雖然它完美捕捉了當時的緊張局勢，但這張照片是經過擺拍的——白人乘客是合眾國際社（UPI）記者尼古拉斯・克里斯（Nicholas Chriss），他在蒙哥馬利報導抗議活動，被他的攝影師同事要求與帕克斯女士一起坐在空蕩的公車上。〕[7]

隨著《民權法》的通過，以客戶種族或民族為基礎定價成為非法行為。讓無論種族的每個人，都有權利坐在伍爾沃斯百貨公司的用餐區，以同樣三十美分的價格購買一份蛋沙拉三明治，這似乎沒有什麼不好的（根據eBay上的舊菜單，一九六〇年伍爾沃斯百貨午餐區蛋沙拉三明治的實際售價就是三十美分）。[8] 然而，禁止對少數族裔提高價格的命令

---

* 記得我們在第二章討論過亨丁頓氏舞蹈症和長期照護保險。有亨丁頓氏舞蹈症風險的人，購買長照險的可能性明顯大於其他人，這是選擇行為的明確證據。據我們所知，由於亨丁頓氏舞蹈症不在反基因歧視法的保護範圍內，保險公司可以進行基因測試，以確定申請人是否攜帶這種基因突變。但在研究撰寫當時，保險公司選擇不進行此舉。

也已擴展到其他市場，那些他們會成為高成本客戶的市場，例如保險。這就是為什麼針對平等待遇的規定，可能會加劇選擇市場中的問題，甚至在原本不存在問題的情況下創造出選擇問題。如果保險公司無法向已知高風險或高成本的客戶收取更高的價格，就等於要求它們盲目定價一樣。

舉例來說，無論是過去還是現在的不公平，都導致美國黑人的預期壽命比白人更短，即使考慮了收入和家族醫療史等因素。如果保險公司可以用種族為考量因素制定保費，白人顧客會獲得更好的價格，因為預期他們在領取任何理賠之前能存活更長時間。然而，許多州禁止保險公司依種族設定壽險費率（對於依種族定價汽車或房屋保險也存在類似的禁令）。回到基本的政策權衡，我們可以說這是一項好政策，因為它防止保險公司給歷史上弱勢的人群設定更高的價格；換句話說，它使事情（稍微）更加公平。但是我們至少必須承認這其中存在一個代價：保險公司不能使用有關客戶成本的相關資訊，將不利於減少市場中的選擇問題。

是否真的公平，這是市場哲學家的問題。然而，雖然無差別定價對公共政策有重要意義，但如果我們未能注意到它帶來的複雜性和倫理上令人不安的不確定性，就會忽略一些重要的事。一方面，客戶必須為他人所造成的情況而支付更高的價格，這似乎不公平——可以說，制度化的種族主義和數個世紀來的歧視，是導致黑人駕駛汽車保費高昂的根本原因。在這種情況下，如果任由市場自由運作，它會惡化現有的不平等，從已經貧窮的人口中提取更高的費用。然而，如果一組客戶的照顧成本比另一組高，這兩個群體購買的真的是相同的產品嗎？

如果定價決策對較貧困或弱勢的群體有利，對公平的看法是否應有所不同？相對於白人，黑人每年死亡率高出三五%。[9] 因此，如果保險公司可能就可以依種族設定年金價格，黑人年金受益人將能得到更優厚的支付金額，從而減少現有的種族不公平現象（儘管減少的幅度很小）。正如先前所說，按照相同的邏輯，保險公司可能就會對黑人客戶設定更高的壽險費用（如果可以的話）。如果在有利於弱勢群體時，允許依種族定價；但若會加劇現有的不平等，則不允許分群定價，這種作法真的公平嗎？

還有，那些以「公平」的名義，最終卻完全破壞市場的法律呢？最終的結果看起來「公平」——每個人都可以獲得相同的保險選擇，因為根本沒有任何選擇。

## 魚與熊掌，不可兼得

在更詳細地探討保險領域中公平和選擇的權衡之前，讓我們先退一步來想想什麼是「公平」。這是一個在道德哲學、親子糾紛和經濟學中都被廣泛探討的主題。

最後通牒賽局（The Ultimatum Game）是經濟學家研究人們對公平認知的經典實驗之一。[10] 一名參與者被指派為「提議者」，負責提出如何與另一名參與者「響應者」分配一筆金額（例如十美元），提議者可以建議平分，或者全留給自己，或者介於兩者之間。這是一個不容商量的提議，也就是「最後通牒賽局」名稱的由來，響應者只能接受或拒絕。如果接受這個提議，每個參與者便會按照建議的分配方案拿到相應的金錢，並結束實驗；如果響應者拒絕了提議，兩人都只能兩手空空地離開。

「最後通牒賽局」已經存在了四十年。我們對人們如何對待「不公平」的分配方式有很多資訊，例如，如果提議者建議留下九美元，只給響應者一美元，這種低價提議往往會被拒絕，即使這意味著雙方都將一無所獲。顯然，大多數人認為公平比一、兩美元更重要。

如果你有小孩，或還記得與兄弟姐妹一起度過的童年（或成年時光），想想如果一個孩子得到的餅乾份量比他的兄弟少，會發生什麼事情。「這不公平！」如果你問他們，他們是否願意自己吃小塊的餅乾，讓弟弟吃大塊一點的餅乾，還是所有人都沒有點心吃？他們會選擇不吃點心。相信我們，我們在家中進行過這個實驗。

若要描述管理選擇市場時，對權衡效率和公平所做的政策選擇，這並不是個完美的類比。最後通牒賽局的響應者可能會猛烈攻擊不公平的提議，作為對提議者的報復，而不只是對不公平的分配感到不滿，而且兄弟姐妹的關係也很複雜。但這些確實捕捉到了限制保險公司定價後果的一個基本特徵：為了實現平等待遇，我們最終會犧牲很多餅乾，甚至可能是整罐餅乾。

「保證核保，社區費率」是健康保險中，以公平為出發點的典型管理規則案例，這個非常簡單的概念使用了很多術語。「保證核保」是指任何人想要投保，保險公司都必須核准，無論其醫療狀況如何。「社區費率」是指這些保險公司需要依「社區」向每位顧客收取相同的費用，無論其醫療史或健康狀況如何，而社區的定義可能是年齡或地理區域。這種組合從保險公司的角度來看，就好像它對申請保險的人一無所知。以社區費率提供的保證核保是「公平的」，因為它迫使市場平等對待每一個人，但也有可能以平等待遇的名義破壞市場。

大約在一九九〇年代，紐澤西州的個人健康保險市場就發生了這種狀況。政府成立了個人健康保險計畫（Individual Health Coverage Program, IHCP），作為那些無法透過雇主或聯邦計畫（如老人醫療照護保險）獲得健康保險的居民的「最後保險選擇」。任何一家想在紐澤西州從事任何形式保險業務的健康保險公司，都必須參加這個計畫。立法者希望透過廣泛參與，可以促進保險公司之間的良性競爭，讓州民降低保費，從中獲益。

為確保所有人以平等條件獲得保險，所有方案都必須採用社區費率和保證核保的制度——也就是說，保險公司必須為所有客戶設定相同的價格，並且禁止拒絕任何人。在該計畫最初幾年，如已故健康經濟學家任赫德（Uwe Reinhardt）所言，它最終成為「所謂死亡螺旋的典型案例」。[11]

在該計畫的前八年，它經歷了死亡螺旋的典型特徵。起初，該州的保險公司吸引了大量投保人，尤其是保障最全面的方案，在一九九五年最高有七萬五千人投保，但從那以後就開始一蹶不振。該方案的保費不斷上漲，在一九九六年，高階方案每個月保費將近三百五十美元。但是那群顧客的健康情況比預期更糟，因此，價格必須再上漲以支付成本；此時一些健康的客戶對產品不再感興趣而退出，於是又開始上漲保費↓患病客戶比例增加↓成本更高的循環。到二〇〇一年底，最全面的方案保費已接近一千兩百美元，而投保人數僅剩下五千人。*雖然最初每個人都能以相同價格加入相同的方案，但到最後，方案變少、客戶變少，費率則驚人地高。

任赫德的評估可能有點嚴厲——在紐澤西州的計畫中，高階保險市場沒有像第二章所說的哈佛大學保險那樣崩潰。†相反地，我們可以用不那麼誇張的詞語來描述這種結果：「下降螺旋」。投保最高階保險方案的人，越來越受到最病重和最昂貴的客戶影

---

* 除了死亡螺旋現象外，可能還有其他因素也影響了這些情況，因此我們無法明確地將IHCP的衰亡歸咎於死亡螺旋。計畫早期鼓勵保險公司設定非常低的保險費，這導致它們出現損失並退出市場。此外，雇主贊助的保險方案增加，也可能導致投保人數下降。資料來源：Alan C. Monheit, Joel C. Cantor, Margaret Koller, and Kimberley S. Fox, "Community Rating and Sustainable Individual Health Insurance Markets in New Jersey," *Health Affairs* 23, no. 4 (2004): 167–75; Katherine Swartz and Deborah W. Garnick, "Lessons from New Jersey," *Journal of Health Politics, Policy and Law* 25, no. 1 (2000): 45–70.

† 在這種情況下，哈佛不太關心公平性。相反地，大學只想省錢，它們透過將高階保險方案的高成本轉嫁給員工；等到只有病重和最昂貴的員工願意支付高保費時，它就取消該計畫。在紐澤西州，政府試圖以「公平」的名義保留給付項目，並且從未取消保障最全面的選擇。

響，其保費在短短幾年內成長了四倍。同時，次高階方案的投保率也出現明顯下降，自一九九七年（當時可能開始吸引健康較差、成本較高的投保人）到二〇〇二年下降了約五〇％。紐澤西州的居民在二〇〇〇年代繼續透過這個計畫購買保險，但他們主要購買低階選項，這些方案在醫生選擇方面提供的彈性較低。高階方案保費太高，以致沒人想買，甚至那些可能非常看重其靈活性的人也不願意買。

同一時間，隔壁的紐約州也上演相似的故事，該州對向個人和小型企業提供健康保險的保險公司實施了極端的社區費率：所有投保人，無論年輕人或老人，都必須收取完全相同的費用。[12] 社區費率實驗進行一年後，該州保險貿易協會主席亞瑟．費拉拉（Arthur Ferrara）表示擔憂，因為保費上漲導致「許多年輕人放棄了保險，因為他們不想為健康保險付那麼多錢」。這聽起來非常像是一個正在形成的死亡螺旋。保險公司因此做出末日預言，奧馬哈互惠人壽（Mutual of Omaha）的首席精算師警告：「年輕人正在退出。如果你想要大家都擁有保險……那麼你需要某種強制措施來迫使人們購買。」與紐澤西州一樣，完全的末日情境從未出現。相反地，經濟學家湯瑪士．布赫穆勒（Thomas Buchmueller）和約翰．迪納多（John DiNardo）發現，紐約人也受到下降螺旋的影響，因為比起保障較小的方案，就醫彈性較大的方案因高成本而失去了相當大的優勢。[13]

如果說紐約州和紐澤西州實現了公平目標，它們也付出了巨大的代價。由於保險公司定價的限制，健康居民若想購買更靈活、更全面的保障，只能以假設所有買家都非常不健康的較高價格購買。即使在這種情況下，我們也不能明確以「我寧願大家都沒有餅乾」的公平理論來解釋這些規則。例如，紐澤西州的居民可以透過自己的公司購買保險，他們的財務狀況通常比該州利用「最後保險選擇」的投保戶良好，他們還是有多種保障範圍可以選擇；而那些沒有雇主保險的人，只能在低價的低階方案或價格昂貴的高階方案間做出討厭的選擇。[14]在這種情況下，紐澤西州選擇優先考慮公平而不是效率，但最終兩者都沒有得到。

紐約州和紐澤西州制定政策的衛生政策專家，並非對社區費率和保證核保可能帶來的問題視而不見，他們可能運用各種部分解決方案，好讓市場在這些限制下仍能生存。然而，要說服公眾接受這些修正方案可能是場艱難的戰鬥，因為這些方案需要採取一些措施，撤回原政策至少一部分的公平利益。

政府無論如何都無法獲勝的處境，在老人健康保險市場中表露無遺，這大大損害了政府的公關形象。政府試圖制定規則以實現公平，但在某種程度上，為了避免紐約州和紐澤西州在主要年齡段健康保險市場所經歷的崩潰，需要對公平性進行一些調整。正如我們將看到的，政府採取的合理行為並未得到多少感謝。

## 不公平的案例：病患必須為無法提供補助的保險付費？

二〇二〇年，《紐約時報》對聯邦醫療保險優勢計畫進行了嚴厲的指責，該計畫是對美國老年人購買私人保險提供補貼。近半數的美國老年人已加入這些計畫[15]，其餘人則加入另一種選擇，即傳統的老人醫療照護保險，由政府而非私人公司管理。

這篇文章舉出丹佛退休人士艾德．斯坦（Ed Stein）的悲慘案例，說明老人醫療照護保險設計中存在的問題。斯坦在他六十五歲時開始符合醫療保險資格，當時他很健康，也很有活力。回想一下第五章，供應聯邦醫療保險優勢計畫的公司，提供了一些吸引健康人群（保險成本較低）的福利，例如健身房會籍，這也吸引了斯坦這種人。因此，斯坦發現優勢計畫的方案因為有這些好處，比傳統老人醫療照護保險方案更具吸引力，正如他向《紐約時報》記者馬克・米勒（Mark Miller）解釋的：「價格相同，我喜歡它可以使用健身房，而且它的藥物計畫也很好。」[16]

時間快轉到七年後。七十二歲的斯坦得到一個可怕的診斷：侵襲性膀胱癌，需接受化療和複雜的手術治療。健身房會籍不如能找到專門治療特定疾病的醫生重要，不幸的是，那位醫生不在他的優勢計畫範圍裡——這種困境很常見。斯坦面臨一個令人不悅的抉擇：接受低品質的照護或是自掏腰包。

或者，正如《紐約時報》的文章所提出的，不應該有第三個選擇嗎？為什麼不換方案呢？如一些讀者所知，傳統的老人醫療照護保險幾乎每個醫生都能看，包括斯坦希望接手治療的那位醫生。但傳統的老人醫療照護保險傾向提供簡單的保障（回想我們對最低限度強制令的討論）。許多投保人會向私人保險公司購買額外的保險（所謂的補充性醫療保險計畫），以分擔一些不列入老人醫療照護保險費用的支出。

斯坦和成千上萬人一樣，失望地發現轉換到傳統的老人醫療照護保險加上補充性醫療保險計畫，並不如他想像的容易。如同《紐約時報》在報導中所述：「（斯坦）面臨一個鮮為人知的情況：當你在投保時選擇優勢計畫，這個決定實際上是不可撤回的。」[17]

文章中描述斯坦處於進退兩難的選擇——無法獲得需要的醫療照護，或是破產。這體現出美國醫療保健系統的問題所在。斯坦在二〇一三年，也就是他滿六十五歲時，決定放棄補充性醫療保險計畫，政府規定在那個年齡（僅限那個年齡），所有補充性醫療保險計畫要接受所有人（保證核保），且必須向所有潛在客戶提供相同的價格（社區費率），不論他們可能有任何過去的健康狀況，但是這個要求僅在投保人年滿六十五歲的前六個月內有效。[18]

為何政府不制定規則，讓老年人在需要時更換計畫，從而解決斯坦的困境呢？為什麼美國的醫療政策看似在坑害像斯坦這樣的患者？

這看起來實在不公平！

儘管美國的醫療保健政策的確存在很多問題，但這個故事（以及許多類似的故事）都沒有抓到重點。斯坦的處境雖然是場悲劇，但部分是他自己造成的。而產生這種情況的醫療保險法規，並非政策制定者的無知，或是受到保險業遊說團體的腐敗影響。相反地，這些規定反映出我們所說的合理妥協，即每個人都能平等進入健康保險市場（我們認為這是公平的一面），同時防止選擇問題徹底破壞市場。

《紐約時報》的文章對政府表達了沮喪和憤怒，因為政府讓斯坦陷入困境，他被診斷出癌症後，仍困於一個無法再滿足他需要的健康計畫中。我們不否認文章主角面臨的悲慘不幸，但我們想說明政府實施這項規定為何是合理的。

回想一下，斯坦最初加入了一份符合他健康老年公民需求的聯邦醫療保險優勢計畫，這個計畫的福利包括健身房會籍，但也限制了他可以看哪些醫生。七年後他被診斷出罹患癌症，他想轉換為補充性醫療保險計畫，這份計畫在他六十五歲時，無論健康狀況如何都可參加。然而，他現在發現保險公司不必非得接受他，當然也沒有任何一家願意接受他——以任何價格接受癌症患者都可能賠錢。

回想斯坦最初在二〇一三年他滿六十五歲時，選擇加入聯邦醫療保險優勢計畫，並放棄老人醫療照護保險的決定。當時他可以選擇加入任何計畫，每個計畫一定都有些選擇，正如我們在第五章所解釋的，健康的老年人重視健身房會籍勝過癌症治療專家，他們會選擇吸引低成本投保者的聯邦醫療保險優勢計畫。但這是我們在追求平等的名義下可以接受的代價，這能確保每個人六十五歲進入老人醫療照護保險市場時，可以平等地選擇他們想要的保障類型。

《紐約時報》稱斯坦的決定「實際上是不可撤回的」，說好聽一點，這種說法是新聞記者的善意；我們也可以說它更接近誇大其詞。每年年初，斯坦都可以選擇轉換至老人醫療照護保險（包括傳統的老人醫療照護保險和補充性醫療保險計畫）。實際上，斯坦在罹癌之前，隨時可以從聯邦醫療保險優勢計畫轉換為傳統的老人醫療照護保險。但在罹癌之後，要找到一家願意接受他並提供額外保障的補充醫療保險計畫可能會很困難，因為在最初六個月的猶豫期過後，聯邦政府允許保險公司自由定價新申請人的保費，甚至可以完全拒絕接受他們。

這就是老人醫療照護保險計畫設計師想達到的平等和效率平衡：在最初的投保期，每個人都受到平等待遇，但六個月後，市場能決定誰能獲得什麼保險，以及以何種價格提供。整體而言，這項政策在最初保險選擇時造成了選擇問題，因為保險公司要平等對待所有人，但人們的反應一定不會相同。的確，像斯坦這種六十五歲的健康人士，往往會避免選擇老人醫保加補充保險的選項，而是轉向那些提供健身會籍和其他福利的聯邦醫療保險優勢計畫。但在過了初始期後，公平不再那麼重要，保險公司可以自由運用各種訊息，來決定誰可以用什麼價格成為它們的客戶。這不是在平等與效率之間的唯一平衡點，顯然也不是「正確」的平衡點，但我們可以看到，一個看似明智的政策，可能會導致制定出這樣的規則。

政策制定者或許可以鼓勵剛滿六十五歲的老年人做出更好、更具前瞻性的決定，從而改善現行制度。你可以想像每位美國人都收到一份醫療保險資訊手冊，上面用粗體字提醒：「謹慎選擇：你的醫療保險選擇將影響你的餘生。」然而，無可避免地，即使這些規定設計良好並且廣為宣傳，仍可能出現像斯坦這樣的長者，在事後面臨醫療照護和破產間抉擇的悲劇情況。讓人們隨時更改保險的想法可能看起來很公平：為什麼不讓某人獲得適合當前狀況的保險呢？艾咪的丈夫的確認為這世界本應如此運作（如果你還記得第五章，他在車子故障時試圖升級拖車保險）。

然而，你現在可能已經猜到，這其實會削弱保險的基本目的，即應對意外災難的保護。如果你可以在汽車故障時，打個電話就轉換附加道路救援的汽車保險，而不需要提早作業；當你身體健康時，你可以投保送健身會籍的健康保險，生病時，再轉換至保障較多的保險，等康復了又轉換回來。這些情況從一個旁觀者的角度，聽來都是個好交易，但對可能陷入困境的人來說，這已經不再是保險。

這也讓我們重新陷入定義公平的泥沼中。在一個人的六十五歲生日當天，每個人都可以自由選擇自己喜歡的保險，以對抗未來可能的健康風險。如果你選擇了便宜又附帶健身會籍的薄弱保險，那就是你的選擇。為什麼其他人要在未來幫你擺脫困境呢？保險的目的在於，你購買保險以防範可能發生的事件或風險，而不是在事件發生後支付可能的費用。從這個角度來看，斯坦想要的不是保險，而是紓困。

無論你認為公平是什麼，不幸的現實是，如果生病時能夠轉換到更適合的政策，或許在短期內可以解決斯坦的困境，但這樣的規則很快就可能導致市場完全崩潰。老人醫療照護保險的鎖定規則是一項有意採取的政策選擇，目的在防止市場崩潰，它不是由被誤導的官僚構想出的失敗政策。老人醫療照護保險的規則，讓人想起私人企業在限制選擇問題時所採取的策略。*

## 我們需要的是保險，不是紓困

我們知道老人醫療照護保險的鎖定規則對減少選擇問題很重要，因為並不是所有州都有這些規定。斯坦居住在科羅拉多州丹佛市，那裡遵守聯邦政府關於補充性醫療保險計畫的標準規定：社區費率和保證核保，但僅在六十五歲生日後的前六個月內。各州可以自由增加定價規則，而且很多州都這麼做了。康乃狄克州、緬因州和紐約州選擇允許老年人隨時加入補充性醫療保險計畫，同時強制保險公司無論投保人購買時的身體狀況，都要同意投保，並收取相同的價格。[19]這正是《紐約時報》和斯坦想要的。

不幸的是，對這些州的老人醫療照護保險投保者來說，結果正是我們所警告的：老年人會在生病後才參加補充性醫療保險計畫。此舉導致補充性保險的價格大幅上漲。價格越高，投保人數越低，再次證明理論是正確的，但對採取社區費率的州的保險客戶來說卻是一種損失。

---

* 正如在第五章所討論的，保險公司施行等待期，新購買的保險方案需要等待一段時間才會支付理賠，或只允許你一年更改一次保險方案，以防止你在即將發生昂貴的支出時，才轉換計畫。老人醫療照護保險的鎖定規則，也與我們在第五章討論的人壽保險有相似之處。回想一下，有種市場阻礙來自企業無法讓客戶做出終身承諾。你可能還記得，解決方法是讓新客戶支付一筆前期費用，然後享有保證的（較低的）年度保費。由於前期已付出保險成本，客戶會在一段時間內與最初的保險提供者保持長期關係。儘管健康的人可能希望在得知自己身體狀況良好時，能獲得更好的交易，但鎖定規則代表每個人在還不知道未來是否會生病或健康前，都能以公平價格購買保險。而這畢竟是保險本來就該做的事情，至少部分抵銷未來尚未知曉的風險。

這也是經濟學家維爾薩．科托（Vilsa Curto）博士論文的主要發現：當州政府讓人們選擇在任何時候以相同的價格投保，且不論他們的健康條件如何，那麼健康狀況良好的人就不需要在六十五歲生日時立即投保，而是等到病了才投保。[20] 因此，老年人平均等待大約一年後才會簽訂補充性醫療保險，而且是在身體狀況較差時才參加。保險公司因其客戶傾向在生病時才投保，而需要收取較高的保費，再加上投保者選擇等待，兩個因素結合後，導致了補充性醫療保險的投保率大幅下降——比鄰近州的投保率低了近三〇％。

如果這裡有更大的教訓，那就是即使政策設計中存在權衡，某些選擇可能看起來更好，因為它考慮了創造就醫機會和公平性的全部後果。那些癌症或中風這些受嚴重且昂貴疾病影響的人想要「重來」的衝動，是很容易理解的。這在個人悲劇的層面上來看，這很人性化也易於理解，但這也會影響市場的運作，並讓幾乎每個人的處境因此變得更糟。

這並不是說，我們應該忽略斯坦這類人的困境。然而，康乃狄克州、緬因州和紐約州所採取的解決方案可能不是最佳的選擇。例如，政府若強迫所有六十五歲以上的美國老年人選擇補充性醫療保險，這等於強制為所有美國老年人提供更優厚的保險。誰付錢？這又回到了權衡的世界——不能只看到七十二歲卻保險不足的悲劇，也要想想那些寧願把錢花在食物和住房上，卻被迫用在健康保險上的人。或者，如果由政府支付這些費用，那麼政府用在學校、道路和橋梁建設的資金就會減少。

可憐的監管機構只能選擇不受歡迎的方案：無論政府選擇將公正與效率的平衡點定在何處，總會有贏家和輸家，而輸家往往會有真正悲劇性的故事可以講述。

迄今為止，我們所描述的情況似乎只是政府在某種程度上和自己作對：在保證核保和社區費率的基礎上，保證了公平和平等的權益，但這也會帶來選擇問題；政策制定者隨後又追加了進一步的規則，以管控不同方案間的轉換，以確保選擇問題不會太嚴重。不過，政府並不是唯一的參與者。在每一個步驟中，老人醫療照護保險的設計者都必須預先考慮受益人將如何回應，才能以最佳方式利用這個體系——例如，預見人們將根據健康狀況而更換方案。然而，還有另一組參與者：保險公司準備創造或調整它們的保險產品，好從政府設定的規則中獲取最大利潤。

企業總是占上風，這並不令人意外。在第八章中，我們將看到資金雄厚且為利趨動的企業，如何想出創造性的方式來操縱規則。換句話說，有時候這是企業掌握最後主動權時，必然發生的結果。

第八章

# 保險公司掙脫枷鎖——精算承保成本和政府補貼後的抉擇

一九八〇年，馬克·德瑞斯特（Mark DeFriest）坐牢一年獲得假釋後，前去取回他最近去世的父親遺贈給他的一套工具。德瑞斯特的繼母報了警，由於遺囑尚未處理，他被控犯搶劫罪，並因擁有槍枝而違反了假釋條件。他被送往佛羅里達州州立醫院的精神病機構，因為法院委任的專家認為他有精神疾病（最終被診斷為精神分裂症和躁鬱症）。

德瑞斯特在那裡第一次嘗試越獄，他從醫院藥房盜取了稱為LSD-25的迷幻藥，並在換班時偷偷把大量藥物放進員工咖啡壺中。他計畫在員工因藥物陷入集體狂亂時，利用他仿造的主鑰匙趁機逃亡。不幸的是，在他施行計畫之前，第一批喝了加料咖啡的人開始吸引人注意。一位職員用掃帚破壞了洗衣機；一位心理學家挑釁地在大廳踱步，大喊粗言穢語。顯然發生了什麼事，醫院被封鎖，也叫來了保全人員。根據德瑞斯特說，他從未被指控為幕後主使。

第二次嘗試稍微順利一點。他和其他患者衝向用刺鐵絲網圍起來的圍欄；德瑞斯特成功越過了圍欄，偷開走一輛汽車，但很快被捕。當局沒有把他送回醫院，而是把他送到貝縣監獄（Bay County Jail）。

於是，德瑞斯特和佛羅里達監獄系統之間展開了來回攻防，監獄採取更嚴格的措施防止他逃脫，他也有越來越細緻的計畫來避開監獄官員所施加的新限制。他擁有導演蓋布瑞爾·倫敦（Gabriel London）所說的「悲劇性天賦」（這位導演還拍了一部有關德瑞斯特的紀錄片），他用這種才華致力於實現自由的目標——他可以記住掛在警衛腰帶上的鑰匙細節，並用木頭和金屬碎片雕刻仿製出那把鑰匙；他用牙膏管製作了一枝簡易槍械。如果不是因為他的「天賦」，他或許在一九八四年就能出獄，但由於數百次違反監獄規則，包括十三次企圖越獄，他原本為期四年的刑期被延長為數十年。

德瑞斯特確實成功了——他逃跑七次，這是個驚人的紀錄，尤其是每次越獄後，他都會被關進看守更嚴密的監禁環境裡。他從貝縣監獄轉到佛羅里達州立監獄（Florida State Prison），到了那裡，他被關進一個需要額外看管的二樓牢房。幾年後，德瑞斯特被關進單人禁閉室，獄警認為這是遏制這位「監獄胡迪尼」的唯一方法。[1]

任何負責制定和執行規則的人，都會熟悉德瑞斯特的獄卒所面臨的作用力與反作用力問題，包括政府中努力制定公共政策以應對逆選擇問題的人。我們在第六章和第七章中討論了幾個解決方案，但故事很少以單一規則的成功而告終。事實上，這個故事永遠不會完結，因為保險公司和德瑞斯特一樣，總是會想辦法對抗任何束縛它們的枷鎖——無論是實質的，還是法規的。德瑞斯特總是尋找通往自由的新道路，保險公司總是會試圖在新規則內，尋找吸引最便宜客戶的方法。

## 打地鼠問題

無論你是想防止十多歲的青少年半夜翹家，還是防止一家價值數十億美元的公司欺詐投資者，你想出的任何答案很可能都已經過時了。你設置了警報器，以防止孩子未經許可離開，但是她發現了警報器密碼，還是悄悄溜出去了。所以你改了密碼，但她買了一條繩子，從窗戶垂吊而下；你裝了窗戶警報器，她又找到了關閉它們的方法。如果她夠狡猾，你最多只能讓她逃跑變得困難，也許能減少頻率，但無法完全阻止她。施行宵禁代價高昂，不僅耗費金錢，也令人心痛。

這就是被稱為「打地鼠」的問題，它原是舊時的街機遊戲，一隻毛茸茸的小生物（鼹鼠）會從不同的洞中冒出頭，用木槌把它敲回洞就能得到分數。但你無法使地鼠消失——當它被打回去，又會重新出現在另一個洞口，你只能盡快將它敲回去。處理頑皮青少年或管理保險公司時也是如此：你贏不了，你只能試著封堵他們在現有規則中發現的漏洞，並等待他們的下一步行動。*

延續對問題少年的比喻，現在想像你的女兒雇了一支律師團，為她爭取更晚的宵禁時間，又雇了一支工程師軍隊，設計出越來越複雜的逃脫方法。這樣你大致能了解政府制定規則時，與企業界針鋒相對的困境。甚至在立法或規定出爐前，企業公司已在設法

* 無論是苦苦掙扎的家長或政府監管者，都可以從這個事實中得到一些安慰：福爾摩斯也面對相同的困境，他與艾德勒玩打地鼠時也以失敗告終（第五章曾描述過艾德勒的故事）。福爾摩斯設法欺騙艾德勒，讓她透露了她將自己與波希米亞國王的醜聞照片藏在哪裡。然而，當福爾摩斯回去取照片時，卻發現艾德勒留下了一張字條，她從一開始就看穿了福爾摩斯的計畫。就這樣，福爾摩斯先生「最好的計畫被女人的智慧擊敗」的故事就此結束。資料來源：Arthur Conan Doyle, "A Scandal in Bohemia," in *The Adventures of Sherlock Holmes* (New York: A. L. Burt, 1920), 28.

做出最佳應對方式。

進一步延伸這個比喻，想像一下你一年只能換一次警報器密碼。這對於政府回應律師和工程師所設計的任何權變措施來說，這個時間表絕對是樂觀的。而你的青少年可以隨意採取行動，但你還是得遵守自己設下的限制，直到她上大學為止。

為了讓你對打地鼠這個遊戲有更深刻的理解，我們將討論政府針對老年人提供的醫療保險：老人醫療照護保險。我們會發現美國政府自一九八〇年代開始外包老人醫療照護保險給私人公司後，一直在與它們玩打地鼠遊戲，而且大多數情況下是輸的。這不必然代表政府應該放棄監管業務，或者完全接管私有部門；但這的確意味著若要明智地設計老人醫療照護保險政策，或是任何旨在監管保險的公共政策時，都需要不斷思考選擇問題。這也意味著在制定監管私人保險公司的政策時，政府需要思考的不僅僅是目前存在的選擇問題，還有私人市場因應監管而可能創造的選擇問題。

## 保險公司的優勢

老人醫療照護保險在一九六〇年代中期建立時，提供美國老年人基本的健康保險，由政府自行支付和管理。二十年後，由於當時的總統隆納．雷根（Ronald Reagan）推行削減成本，促使私人保險公司有機會為符合老人醫療照護保險資格的美國人提供健康保險。[2]它仍然由政府支付，但改由市場上看不見的手來管理，許多經濟學家認為這隻手有近乎神奇的效率特性。

它的運作方式如下：保險公司從政府手中接手每位受益人，政府就會支付保險公司一筆固定費用，然後，保險公司為老人醫療照護保險的受益人提供保障。根據一項指標，這項計畫非常成功：到了二〇二〇年，約三分之一的老人醫療照護保險投保者，透過先前談過的聯邦醫療保險優勢計畫，向私人保險公司購買保險。[3]

自由放任主義的支持者可能會將這種成長，視為市場固有優越性的證據。民營部門受利益驅動，會以高效率提供健康保險給客戶；政府付給保險公司的錢，不僅低於由政府自己提供保險還要少，同時也讓企業賺取可觀的利潤。由於保險公司只能藉著吸引投保人獲利，它們必須讓客戶感到滿意。這將是一個三贏局面：保險公司贏取獲利、受益人贏取更多選擇、政府贏取節省開支。

然而，私人保險公司還有另一種獲利方式，這讓我們從完全不同的角度，評估私人或政府提供保險的優劣：私人保險公司可以確保只吸引最健康、且管理成本最低的客戶，而獲得利潤。每個投保人所得到的理賠金額，是基於政府對他在老人醫療照護保險可能需要花費多少的猜測計算而來。因此（正如我們在第五章已討論過的），保險公司盡力吸引那些可能比政府（或保險公司）看到的更健康的人——透過提供健身房會籍等誘因來吸引健康客戶。而政府要為此付出代價：政府假設保險公司不會區分生病或健康的人，並一律納保，從而制定了每位投保者固定的支付金額；然而，保險公司吸引了大多數健康的人，將大部分病重、需要支付高額醫療費用的人留給政府。

政府並非對此完全袖手旁觀。它意識到保險公司會設計策略，以吸引最健康的投保人，從而獲得最高的利潤。為了誘使保險公司也對較不健康的老年人提供有吸引力的方案，老人醫療照護保險制定了更慷慨的給付金額，給承保高成本客戶的保險公司。但政府在決定哪些老年人有資格獲得更優厚的補助金方面，最初並沒有太多依據。在一九八〇年代初，還沒有中央病患資料庫存在，無論是數位或其他形式。監管機構只能根據客戶的人口學資料，給付保險公司不同的金額——例如，承保八十歲的人，比承保年輕十歲的人可以收到更慷慨的補助；接受昂貴醫療照護市場（如邁阿密）的客戶，也比偏遠的愛荷華州客戶補助多。當然，這無法完全消除選擇問題。有八十歲的邁阿密居民整天都嚼著杏仁，勤奮地參加水中有氧的課程，還有一些人一邊喝著瑪格麗特調酒，一邊在海灘上漫步。杏仁嗑客和瑪格麗特酒客之間的差距，讓保險公司可以有空間選擇最便宜的客戶。

正如我們在第五章中所看到的，保險公司確實做到了這一點。即使它們沒有比監管機構更好的資料，它們仍能想出有創意的方法（例如健身房會籍）來吸引最健康的客戶。因此，根據三位健康經濟學家在二〇一一年的研究，政府正在虧錢，政府付給民營保險業者的錢，比政府自己提供保險給這些客戶的成本還高。[4]至少最初，聯邦醫療保險優勢計畫最多只能算是贏贏輸的狀態。

政府為了進一步阻止，或至少限制保險公司只選擇最便宜的病人，它需要更好的投保人數據，來調整支付給保險公司的金額。如果付款能更準確地反映病患的健康狀況，保險公司就沒有那麼大的動機去吸引最健康的客戶（或者，如果它們這樣做，收到的款項就會較少）。

這一步花了一些時間，但到了一九九〇年代後期，老人醫療照護保險管理者已可取得病患的住院紀錄，更了解他們的健康問題，因此也能知道每位投保人可能患有的慢性健康狀況，雖然只是部分。[5] 例如，在邁阿密患有高血壓的八十歲老人，比沒有高血壓的邁阿密八十歲老人應該有更高的給付金額。

但是，就像過去，這裡有個陷阱：老人醫療照護保險只能根據測量到的健康問題來設定給付金額，也就是那些在醫院紀錄中顯示出來的問題。舉例來說，如果你是糖尿病或高血壓的患者，但很幸運從未住院治療，政府就會認為你是強健的八十歲老人。這正是打地鼠監管方式固有的問題，這種部分「解決方案」也導致其他的問題。在這種情況下，因為患者必須入院接受診斷，資料才會進入老人醫療照護保險系統，保險公司就有動機讓原本只需要門診治療的病人住進醫院接受診斷。[6]

政府的解決方案自然是蒐集更多的數據——好讓醫院和診所的診斷都能成為制定給付金額的依據。最終，政府得以將更廣泛的病人特徵納入其定價模型中，以減少保險公司過度住院的動機。

不過，你可能猜到了，故事還沒結束，這場作用力與反作用力的遊戲還在進行著。

現在，私人保險公司歡迎新人投保，並提供免費的身體檢查——為了方便，還可以在家進行檢查。7 這讓保險公司有機會診斷投保者可能患有的所有健康問題，包括以前未被發現的問題——這對於患者和保險公司都有好處，因為在隨後的幾年中，保險公司可以收取更多費用。

保險公司還被指控不僅記錄過去被忽略的病症，還有一些根本不存在的病症，這使得在追求最大利潤與明確詐欺之間的界線有時變得模糊。在許多情況下，保險公司其實發現了現有但先前未被檢測出來的疾病，這些疾病需要從老人醫療照護保險獲得更高的給付；在其他情況下，審計人員發現醫生在未提供任何證據的情況下輸入診斷結果（公平地說，在某些情況下，這些診斷是準確的，而唯一「有罪」的是文件記載不夠完整）。監管機構，現在輪到你們回應了。打地鼠遊戲不僅是要設計出更好的規則，也要有效執行這些規則。

要清楚知道的是，目標不是用一套設計無可挑剔且完美執行的老人醫療照護計畫，來達到盡善盡美的健康保險控制，而不留給保險公司任何利用或操縱的空間。即便有可能，這大概也就像花費兩萬美元買一個鎖匣來存放一條二十美元的項鍊一樣，非常麻煩，又遠遠超出合理的開支。相反地，希望每一輪的作用力和反作用力，都能為美國政府及老人醫療照護保險服務對象帶來更好的利益，而不是保險業的利益。你可以朝著救贖之路前進，但這是一段旅程，而不是終點。

然而，有一些簡單的指導原則可以幫助你打到更多地鼠。首先，不要只專注於打擊目前的地鼠，你需要提前考慮它下一個出現的位置，並將木槌準備好，在那個洞口上方盤旋等待。

如同福特汽車創辦人亨利．福特（Henry Ford）所說：「如果成功有任何祕訣，就在於具有理解對方觀點的能力，並且從對方的角度看待事情，同時也要從自己的角度來看待。」福特遵從自己的建議，於一九一四年在他的高地公園工廠為工人提供「五美元一天」的待遇，超過福特自己的工廠和其他工廠標準工資二點三美元的兩倍以上。[8] 福特似乎正確地預料到，他的工人會被生產線的單調無聊逼瘋，也會因家庭財務問題分心。透過提高員工的生產力和降低離職率，可以彌補高工資的成本；如果不能，在每天五美元的薪資條件下，會出現許多積極進取、渴望填補任何職缺的工人。

如果你想預測工廠工人對於薪資增加的反應，就要像工廠工人一樣思考。如果老師想預測學生如何在居家考試或寫作業時作弊（如調整邊界或字體大小、找專家代打），他們需要像學生一樣思考。如果你的工作是監管保險業，你需要像保險業行政人員一樣思考，否則，你最終會發現被監管的公司總是比監管者領先一步。這是極為普遍的胡迪尼經驗，每當監管機構試圖限制保險公司選擇客戶的權利時，保險公司總是能設法找到另一個逃生口。

事後看來，很容易看出某一方未能先想好下一步。可以肯定的是，雷根政府民營化制度的設計者，本應預見保險公司能找到方式選擇健康的退休人員，把病患留給政府管理，尤其是考慮到企業將追求利潤作為創造和創新的驅動力。也許吧！即使你知道對手會找到某種方法來破壞規則，你仍然（在沒有事後洞察力的情況下）可能不知道它們會怎麼做，該怎麼阻止，或者它們將如何扭曲遊戲以對他們有利。

或者雷根的監管機構預料到保險公司的反應，卻仍然堅持執行它們的計畫，它們知道自己正在玩一場長期的遊戲。打地鼠的的第二指導原則是，無論你多用力地敲槌，地鼠總是會再冒出來。

## 用高科技打地鼠

對於不幸的監管單位來說，它們被迫追趕不斷變化的世界，這讓情況更加困難。它必須預測企業對當前遊戲的回應，同時應對因技術變革或人口老化而不斷變化的環境，這些變化使規則制定者失去平衡。一個世紀以前，沒有人認為需要管理溫室氣體排放，現在這已成為全球迫切的課題。

醫療保險監管機構也同樣被科技進步所困擾，最近一個例子來自二〇〇六年在老人醫療照護保險中增加的處方藥福利。[9]事實上，正是這個不斷變化的世界，使得老人醫療保險首次加入處方藥福利。

實施老人醫療照護保險的前四十年，它給付看醫生或上醫院的費用，還有在就醫過程中可能產生的許多費用，如果醫生建議進行結腸鏡檢查，沒問題——老人醫療照護保險會代表病患，付錢給醫院和腸胃科醫生以進行檢查。同樣地，如果爺爺因心臟病發作而昏倒，並由救護車送往醫院，政府保險亦會給付緊急治療。然而，老人醫療照護保險並未給付可能有助於避免急診就醫的處方藥物費用。起初，這並不重要。老人醫療照護保險施行初期，處方藥物相對較少，而且大多數都很便宜。但是，現有藥物的數量和品質已經有了巨幅成長，到了二十一世紀，處方藥物的支出占老年人整體醫療費用相當大的一部分，有必要針對老人醫療照護保險不給付這些費用採取措施。[10]

為了解我們已經取得多大的進展，可以想想醫生為小羅斯福總統（Franklin Roosevelt）提供的建議，他在一九三〇年代末期首次被診斷出高血壓。當時，高血壓到底是好還是壞仍然存在醫學爭議，一九四〇年代的醫學文獻將高血壓描述為「一種自然反應，以確保心臟、大腦和腎臟更正常的循環」，並警告「過度熱衷於降低血壓可能沒有好處，甚至可能有害」。小羅斯福的私人醫生霍華德・布倫（Howard Bruenn）在諮詢其他六位高級醫務人員後，建議總統「減少」吸菸、低脂飲食、放鬆身心（最少睡眠十小時、使用輕微通便劑以避免負擔、不游泳、盡可能避免（身為總統所帶來的）緊張和刺激）。他還被開了一種安眠藥，以進一步幫助他放鬆。[11]

今天，假設一位爺爺（或總統）發現他的血壓太高，他可能還是會被告知要戒煙、健康飲食和避免壓力；但在二十一世紀，他的醫生可能會推薦一系列藥物來幫助控制高血壓。利尿劑、血管張力素轉化酶抑制劑、β受體阻斷藥、鈣離子通道阻斷劑等，藥業提供了許多選擇，單獨使用或組合使用均可盡量減少副作用，並控制血壓。[12]

降低血壓的代價不一定便宜。例如，假設醫生開立每天服用捷賜瑞錠（Zestril，一種血管張力素轉化酶抑制劑）的處方，在二〇〇〇年每年的費用大約為五百美元。在開立處方箋時，政府可能已經支付了檢查費用，但你需要自己負擔處方箋藥物。相對來說，降血壓的藥物很便宜，若醫生開了於二〇一五年核准、專門針對極高膽固醇患者的瑞百安注射液（Repatha）處方，其二〇二一年的年度帳單將突破五千七百美元。

這些費用最終促使政府在二〇〇六年，於老人醫療照護保險加入處方藥物給付。就像政府在一九八〇年代初期啟動的聯邦醫療保險優勢計畫一樣，政府再次增加了新給付項目，但將處方藥給付方案交由民營部門實際執行。這種效果兼顧了讓市場發揮效率，政府資金也能確保每個人都能負擔得起藥物方案——既有效率又公平。

然而，市場不能告訴政府應支付多少補貼，才能讓市場適用於每個人。這就是政策制定者和保險公司，在追求老人醫療照護保險處方藥物市場的目標時，一直存在的固有緊張關係。這是醫療保險優勢計畫的翻版，但稍有不同：藥物開發和藥物價格上漲，並沒有因為老人醫療照護保險加入藥品計畫而減緩。我們再使用之前的比喻，政府正在玩監管的打地鼠遊戲，但地鼠卻從籃球機或空氣曲棍球桌冒出來，這些選擇在過去的打地鼠遊戲中根本不存在。

## 處方藥物補貼的新挑戰

為確保所有老年人，包括生病和健康的，都能獲得老人醫療照護保險處方藥物給付，政府要求私人保險公司要接受所有人，無論是健康或生病的六十五歲客戶，或虛弱且每天都服用一堆高價藥物的九十歲客戶。[13] 由於保險公司要支付較高的費用才能為後者提供保障，因此政府為使用昂貴處方藥物的客戶設定較高的給付金額——例如，癌症患者可能會獲得特別大方的補貼，因為化療藥物的成本很高。如果補貼設定得恰到好處，保險公司既沒有能力也沒有動機只吸引部分投保人，而迴避其他人。

如果這聽起來很熟悉，因為這正是政府在聯邦醫療保險優勢計畫中想做的事。在那種情況下，如果企業守規矩（遵循經濟理論中所制定的假設），它們就會仔細檢查制定的任何規則，制定自己的政策和價格，好從政府和客戶那裡榨取盡可能多的利潤。

第一個問題是老問題：不管政府多努力，企業總有漏洞可以鑽。保險公司雖不能拒絕任何人，但它們在設定每個方案時有很大的自由度。事實上，這正是整個問題的重點——透過將保險外包給民營市場，強大的利潤動機可以促使保險公司開發和提供符合客戶需要的方案，以吸引更多的生意。例如，透過限制對同一藥品的學名藥給付，鼓勵患者及其醫生減少成本，但對健康結果沒有明顯的影響。

然而，保險公司受到刺激，創造出更大的保障空白——有些藥物可能沒列在方案給付的藥物清單裡，或是要求病人自己支付數千美元——以避免為較不賺錢的客戶提供保險，吸引利潤更高的病患。事實上，新藥不斷出現在市場上，讓反應迅速的保險公司有無窮的機會，去規避行動緩慢的監管機構。

這一切在二〇〇八年《紐約時報》的一篇文章中生動地展示出來，文章作者是資深健康記者吉娜・科拉塔（Gina Kolata），內容談到老人醫療照護保險的處方藥物保障範圍存在明顯的漏洞。她描述了奧蘭多的茱莉・巴斯（Julie Bass）令人心碎的案例，她的醫生開了泰嘉錠（Tykerb）來對抗她的轉移性乳腺癌。老人醫療照護保險處方藥方案要求她支付三分之一的藥費，每週超過一千美元。對像巴斯這樣依賴社會福利的人來說，這其實就像在食物和抗癌藥物間做選擇。

不只巴斯的泰嘉錠讓人在買食物和買藥物之間做出痛苦的選擇。事實上，泰嘉錠只是其中一種需要一千美元自負額的藥物（即病人需要自己支付金額，以補充保險商的給付）。為了避免為昂貴的病患支付超過政府補助的費用，保險公司會刪減或限制某些藥物的給付範圍。

當然，每個方案都嘗試了不同的方式，都有需要自己付錢的處方藥清單。保險方案也在清單中創造了不同給付層級，依不同層級有更高或更低的自負額。我們會省略細節（畢竟美國醫療保健的法規和政策足以讓你崩潰），但希望你大致上明白這個概念。結果正如科拉塔所說：「新系統會給身患重病的人帶來巨額帳單。」[14]

等等，你可能會想，政府不是根據病人現有的健康狀況，在不同的病人之間設定了不同的給付費率，以避免這種情況的發生嗎？老人醫療照護保險處方藥方案的設計者，到底是如何讓巴斯失望的？簡單來說，儘管政府努力訂立合理的給付費率，但不可避免地高估某些病症的預期成本，因此政府補貼相對於預期治療成本來說「過高」。但對於巴斯這種情況，平均成本和補貼又「太低」了，因此，保險公司對後者的需求只提供了微不足道的保障，希望藉此避免他們來投保，或是在他們投保後限制保險的成本。更完整的解釋是，政府面臨的問題變得更加棘手，因為「正確的」補貼本身就是一個不斷變化的目標。正如一九四〇年代發現可以治療小羅斯福總統高血壓的新藥一樣，許多新藥是在政府設定好最初的補貼計畫後才研發出來。每當推出新藥時，治療特定疾病的處方藥成本就可能因此上升或下降。

新藥能夠拯救生命，但往往非常昂貴；舊藥品失去專利，廉價的學名藥進入市場，使價格變得更便宜。在這些變化中，政府設計的支付方案（根據投保人的健康狀況設定）並沒有改變。但保險公司可以計算出最有吸引力的客戶（考慮到新的藥品價格），並調整給付的藥物清單，以試圖吸引更好的客戶，並阻止較不理想的客戶（從利潤角度來看）。

## 最「有利可圖」的疾病

以愛滋病為例，這個診斷的給付補貼是最高的，在二〇〇九年每年超過一千九百美元。對在二〇〇三年的處方藥福利來說，這可能已經足夠慷慨，但到了二〇〇九年，許多新藥物已經上市了，衛生經濟學家柯琳．嘉莉（Colleen Carey）估計，愛滋病患者的藥品費用變得非常高，因此需要更高的補貼——根據計算，超過兩千五百美元。[15] 然而，補貼仍然沒有改變。因此，保險公司自然會嘗試設計方案，阻止HIV陽性患者投保，因為補貼無法支付他們的費用。其中一種方法是對於任何愛滋病藥物，要求非常高的自負額。

嘉莉發現，最大的差距出現在多發性硬化症（MS）的診斷，這是一種退化性神經疾病，身體自身的免疫系統會破壞覆蓋和絕緣神經纖維的髓鞘，當神經的覆蓋物分解時，大腦和身體其他部位之間的訊息會變得混亂或中斷，導致出現肌肉痙攣、失憶和情緒失控等症狀。而保險公司每接受一名多發性硬化症患者的保險，政府每年將向保險公司提供額外三百三十美元的處方藥給付費用，但嘉莉計算出一名多發性硬化症患者投保處方藥方案，將使保險公司多支付近一千兩百美元的處方藥費用。這不是政府未設定好付款方案，而是在設定方案後，多發性硬化症的治療方式發生了顯著變化，變得更加昂貴。

在另一個極端，有時醫學的變化意味著某些診斷對保險公司來說成本更低。例如，在二〇〇〇年代初期，高膽固醇對於許多老年人而言是一種昂貴的診斷，主因是當時許多老年人都在服用一種昂貴的藥物益適純（Zetia）來治療高膽固醇。因此，當處方藥計畫開始時，老人醫療照護保險認識到，有膽固醇問題的客戶可能需要使用這種昂貴藥物，因此設定給保險公司的給付金額較高。但是不久之後，這種藥品的專利到期了，其學名藥辛伐他汀（Simvastatin）迅速上市，大大地降低膽固醇治療的費用。

這使得高膽固醇成為非常吸引人的診斷（從保險公司的角度來看）。由於過去和現在的藥物費用存在差異，保險公司也有動力追求其他高價值的診斷。二〇〇九年，如果保險公司承保一名診斷為高血壓的病患，政府會多支付兩百零七美元，即使嘉莉估計高血壓病患的額外費用少於一百五十美元；肌肉萎縮症的差距更大，它的額外給付近八十美元，即使這類患者在處方藥物的支出，明顯少於其他老年投保人的平均數字。

保險公司很希望可以挑選投保人，選擇那些肌肉萎縮症病患，避免那些患有多發性硬化症的人。但根據法律，它們做不到。所以，嘉莉指出，它們透過調整藥物給付範圍和金額，好或多或少達到目的。

隨著某些疾病盈利能力的增減，公司竭盡所能阻止患有多發性硬化或愛滋病的投保人加入，包括要求高額的自負額，或根本不提供藥物保險。與此同時，它們競相爭奪高利潤的高血壓投保人，這些人因為保險公司的競爭而受益，可以獲得慷慨的保障，幾乎所有藥物都可以獲得理賠。這是我們在第五章所說的：保險公司設計保單以獲得有利可圖的客戶，並遠離不太理想的客戶。然而，在這種情況下，這是政府為了平等並限制逆選擇的政策結果，或許也是必然的結果。

政府常常發現自己處於落後的境地。二〇一一年，它修訂了不同診斷的支付金額，以反映近期的成本資料和更複雜的定價公式。[16]但是，技術當然繼續變化，為保險公司創造了新的機會來操縱新的補貼。這當然不是監管單位或企業對這種情況的最後反應，監管機構永遠不會停止調整規則，保險公司也永遠不會停止想方設法繞過規則。

我們期待這種來回攻防，最終的結果可能是我們所能期待的最好結果。企業尋找政策設計上的漏洞加以利用，而隨著時間推移，政策制定者意識到這些漏洞，並調整規則加以修補。

如果政府尚未完全適應「快速行動，打破慣例」的矽谷設計哲學，至少在監管過程中要具備一定程度的這種元素。政府制定一套規則，觀察「客戶」的反應，然後對產品進行微調。如果監管機構在制定任何新規定之前，堅持追求完美和無操縱性，我們就會停留在一九六〇年代那樣，還在思考著如何好好地為美國老年人提供政府資助的保險。

## 打造一個最佳保險市場的可能

那麼這個故事和我們的故事，會在哪裡結束呢？當面臨一個困難的問題時，總是很容易放棄，揮揮白旗說：「讓市場自己解決吧！」或是「讓政府管理保險市場吧。」

正如本書一開始所警告的，書中沒有任何簡單答案。就像你應該謹慎懷疑任何離婚險新創公司的投資機會，你也應該懷疑那些主張完全靠市場解決保險問題，或僅依賴政府提供保險的觀點。坐在安樂椅上列舉保險市場出現的問題，批評政府修復這些缺陷的不足，是很容易的；但要提出更好的解決方法卻很困難。這正是讓一代又一代的企業家、經濟學家和政策專家努力不懈的原因，無論是透過企業投入，或透過政府監管，想尋找解決選擇問題的更好方法，都是一個永無止境的計畫。

希望這本書已經清楚表明，如果保險市場要充分發揮在不確定世界中提供保護和安全的潛力，那麼「讓市場自己解決」通常是錯誤的方式。如果沒有政府介入，選擇問題會導致保險價格上漲，可用保障範圍減少，甚至有時會完全消失，就像是離婚險業務已經自我調整，最終還是消失不見。

當市場無法自行運作良好時，很容易陷入另一個極端：交由政府管理。我們不需要說明政府官僚的低效，就知道這不是萬靈丹。例如，我們看到政府強制令對回應選擇問題來說並不完美，這涉及如何執行強制令，以及需要什麼程度的保險；如果政府決定不用直接提供保險來執行強制令，那後者問題仍然存在。另一方面，我們也看到當政府試圖管理私人保險時，它可能會陷入無止境的打地鼠遊戲，而且處於失敗的一方。

就像其他市場缺陷的來源一樣，典型的回應往往是中庸之道：政府介入並對市場的平衡施加影響力（有時力度很大），但不接管整個權衡運作。回到第一章所說，政府干預市場有各種原因，它們打破壟斷以防止出現高昂的價格；限制銀行的貸款行為以減少另一次經濟大蕭條的可能性；並使汙染者為對他人造成的成本負責。

在上述任何情況下，都沒有單一、完美的政策，只有權衡取捨。當銀行被迫保留大量貨幣作為儲備資金，以防止銀行擠兌時，它們會減少提供貸款的能力，如此一來就無法讓更多人獲得抵押貸款，讓更多的企業進行投資。如果監管機構將臉書公司拆分，這會降低該公司在線上廣告市場的優勢，但用戶可能無法像目前使用臉書那樣享受無縫體驗。在保險市場中的選擇問題也是如此。

但是，僅僅關注政府解決方案的問題（如同我們在第六至第八章所做的）是錯誤的標準。以問題是否全數消除來評估政策成功與否，是一個不可能達到的標準。更有用的標準是，評估這個方案能改善現況，無論是本章討論過看似無能的老人醫療照護保險管理機構，還是第六章討論的強制令設計者，這一點都適用。

更實用的標準是考慮：是否存在其他更好的政策？即使有「明顯」的缺陷，它還是有辦法做得更好。權衡必然帶來缺陷，有時很明顯，但修補這些明顯的缺陷可能會使情況更加惡化。只要問問紐澤西州或紐約州的任何人，它們在「解決」不平等的健康保險問題後，是什麼樣的情況就能知道。

這就是我們希望本書的作用所在：我們解釋了選擇問題的基礎知識，以及一些應對該問題的政策手段，還有為什麼該問題難以解決。也許你會對政策制定者和官僚機構更加有耐心，而不是尖酸批評，甚至有點同情保險公司。也許你會因新學到的知識受到啟發，積極參與其中，嘗試提出更好的解決方案。

同時，逆選擇的可能後果很難完全理解——這就是為什麼我們花了幾個世紀的時間才能認識它們，而我們距離完全領悟還有很長的路要走。就我們而言，我們仍在積極進行這一主題的研究，希望等我們能夠開始領取老人醫療照護保險福利時，仍然能夠從事這項工作。如果政策制定者繼續出錯，我們希望他們能從中獲取教訓，就像最初設計聯邦醫療保險優勢計畫一樣。逆選擇將繼續為我們和其他研究人員，提供事前和事後檢驗政策成功或失敗的機會。下次當你想批評政府官員無能時，請記住他們正在努力解決困難的問題，而且面對許多取捨。將自己置身於對方的角度，問問自己，你真的能做得比他們好嗎？

如果選擇問題是一種私有訊息問題，那麼是否會有一天，科技能使選擇市場研究變得過時？等電腦可以真正讀取我們的思想時？如果能，這將是一個超越科幻小說的未來。

在劉慈欣所著的科幻經典小說《三體》中，一支來自遙遠星球的入侵勢力快速接近地球，他們的目的是占領我們這顆更綠油油的星球。這些來自外太空的生物被地球人稱為三體人，擁有極大的技術優勢：他們已掌握星際旅行技術，透過他們事先派遣的原子超級電腦來窺視地球人的行蹤。但是三體人無法窺探人類的大腦，無法了解我們在想什麼

（由於進化的奇特性，三體人自己根本無法擁有任何私人想法）。以下可能要爆雷了：正是能夠保留一點私有訊息的能力，使人類免於毀滅。

資訊技術大大提高了公司蒐集和分析個人數據的能力。然而，即使是擁有科技能力穿越銀河系的社會，也無法解決看似簡單得多的私有訊息問題。我們也想像，如果三體人（或Google、微軟、臉書）能夠讀取我們的思想，全世界的政府會竭盡所能阻止他們。這一切都意味著私有訊息和對資訊利用的限制，一定還會繼續存在很多年，因此產生的選擇問題也將繼續存在。

結語

# 選擇市場無所不在

我們希望這本書讓你對世界運作的方式有更深入的了解，至少在保險方面。希望這本書解決了一些你在閱讀此書之前，可能從未考慮過的謎題，例如為什麼你買不到離婚保險、為什麼你通常只能一年換一次健康保險，以及為什麼保險比預期貴得多。

購買保險時仍然會遇到令人崩潰的事，例如更改保單的不靈活性、等待期，以及無盡的細節和理賠限制，這是無法改變的。但是，了解這些特點可以緩解選擇問題，從而實現更高層次的目標，這種理解有助於你接受保險市場提供的選擇。不，它們不完美。但我們並非生活在一個完美的世界，而是一個充滿取捨的世界。在我們生活的世界裡，我們也無法總是做出正確取捨。但經濟學家們在過去半個世紀對於選擇市場的認識，正如我們在先幾章所嘗試說明的那樣，可能能夠幫助我們在未來做出更好的選擇。

我們希望你不再認為健康保險就像花椰菜一樣，兩者都可能讓你嘴裡有一股不好的味道，但是花椰菜的價格和誰吃它無關。如果你們有人能成為最高法院的法官，我們希望當保險問題再次出現在法庭上（一定會），他們可以運用這些新發現的智慧和精髓。

對於那些更具商業頭腦的讀者，我們想像如果美國航空的執行長柯蘭多（第一章曾討論過）讀了這本書，他可能會重新考慮一九八一年推出AAirpass的決定。如果你將來要開餐廳，我們希望你在用吃到飽特惠來填補週日晚上的空位時，能三思而後行。

我們專注於保險，因為它是一個巨大的產業，而「選擇」在其中扮演了非常重要的角色。誠然，這是我們覺得非常迷人的行業，在這方面，我們並不孤單。事實上，常常悲觀看待世界的卡夫卡（Franz Kafka），仍然覺得保險非常迷人。卡夫卡在奧地利工人意外保險研究所（Austrian Workmen's Accident Insurance Institute）工作多年，在保險業工作時，他開始將小心眼獨裁者執行的無意義規則視為官僚主義，這種想法對那些曾嘗試申請理賠被拒的人來說，一點都不意外。但正如他在一九〇七年寫給一位朋友的信中所說：「整個保險世界本身非常吸引我，儘管我現在的工作很沉悶。」[1]我們只希望這本書能讓你對保險產生更多的興趣（即使不是「非常」感興趣）。

但是還有很多市場可能會受到選擇問題的影響。我們想要引起你對我們的續集《保險再揭密，暫譯》（*Riskier Business*）的興趣（如果我們有機會寫出來的話），或者至少讓你體會到經濟概念的普遍性，這些概念是本書的基礎。因為你一旦思考選擇市場的特徵，就會意識到它們無處不在。許多選擇所帶來的商業和政策影響，以及對你身為消費者（或是賣家）的影響，都會出現在其他市場，如同出現在本書所關注的保險市場中。

## 選擇市場出現的兩個條件

一個選擇市場需要兩個條件：第一，買家具有一些賣家未知的自我認知——這通常是成立的；第二，這種自我認知會影響買方的好壞程度。如果採取最廣義的解釋，實際上幾乎任何市場都存在一定程度的選擇。你可能會認為像超市這樣的地方，不在乎誰買了蘋果或橘子，因為客戶一旦到收銀機付了款，這筆錢就屬於公司，蘋果也屬於消費者，與買家的身分無關。然而，即使是超市，也會擔心那些有足夠時間和道德憤慨感的顧客，會將任何有瑕疵的水果退回，並要求退款。這些「壞客戶」（即成本高昂的客戶）

自己心裡有數，超市卻不知道。〔另一方面，超市可能會利用它的資訊向客戶推銷有瑕疵的水果；賣家之間的私有訊息將是我們三部曲中最後一本書《保險極揭密，暫譯》（*Riskiest Business*）的主題。〕

在某些市場中，選擇問題確實是市場運作（或無法運作）的核心。如本書希望說服你的那樣，保險是一個最好的例子，但超市可能不是這樣的情況。

在最後幾頁，我們還要強調一些市場受選擇問題影響的範例，特別是和讀者生活有關的例子，我們希望你讀完後會想著：「哦，這很有用，現在我明白了為什麼它根本不存在。」或者「我已經參與這個市場半輩子了，但從未真正想過選擇問題是如何使市場成為現在的樣子。」

這些市場可能對所有人都非常重要。如果你曾經難以負擔高等教育的費用，你的人生已經受到選擇的影響；如果你曾經申請信用卡或貸款，這個過程很可能受到選擇的影響；如果你曾尋找工作，同樣地，選擇在勞動市場的運作中發揮著作用（有時可能沒有），以幫助失業人士找到新工作。選擇市場無處不在，不必費心尋找就能看見這些例子。

## 就讀昂貴大學，是否保證畢業後的高薪收入？

在某種程度上，你可以用金錢衡量大學學位的價值。大學畢業生的收入約比高中畢業生多五〇%，比高中輟學生多出八〇%。[2] 但這些平均數掩蓋了巨大的差異，這一點所有人都不會感到意外。有些大學畢業生賺的錢比其他同等資歷的大學畢業生多得多，這些差異部分是運氣問題，有些孩子可能在量化基金公司找到高薪工作，有些人卻與機會失之交臂。有人可能在即將成為下一個臉書的公司找到工作；另一個人則可能在即將成為下一個Pets.com的公司找到工作（除非你還記得一九九〇年代末的網際網路泡沫，否則你可能從未聽過Pets.com）。有些學生有幸在經濟繁榮時期畢業，有些學生則在經濟衰退時期畢業。

從財務角度來看，上大學有點像賭博，而且現在已經是臭名昭著的昂貴選擇。在二〇二〇年，四年制大學的平均花費超過了十萬美元（高級私立學校更貴）；而這個數字並沒有考慮在學校四年而錯過的收入——如果你沒有上學的話，本可以賺到的錢[3]。如果你花了六位數的大學教育費，然後卻找不到工作，該怎麼辦？

這個問題有一個類似保險的解決方案：有人願意先代為支付學費，條件是在學生畢業後的前十年，要繳付部分收入。支付學費的人或組織要承擔就業市場成功或失敗的風險，但如果風險分散到足夠多的學生客戶身上，最終應該能平均分攤，這被稱為收入分配協議（Income-Share Agreement），這個想法的知識根源可追溯至具有代表性的自由主義經濟學家米爾頓．傅利曼（Milton Friedman），他在一九五五年首次提出這個概念。[4]

你可以把傅利曼的建議視為一種保險，以免將來收入不高，要面臨無法負擔債務的困擾和痛苦。這將未來低收入的風險轉嫁給財力雄厚的機構，這些機構可能希望從表現意外好的客戶帶來的額外利潤中，彌補意外低收入客戶的損失。

收入分配協議（或稱為ＩＳＡ）不僅具有社會利益，也有商業利潤的潛力，多年來已經嘗試了許多次。在一九七〇年代，耶魯大學是最早嘗試收入分配協議的學校，它以當下學費交換畢業生未來幾年的收入；然而這項計畫的壽命很短，最終以大學提供資金援助結束。在我們寫這本書期間，至少有一個學院試圖提供畢業後收入保險以吸引學生。[5]然而，這種作法從未廣泛地流行起來。

正如你所猜想的，選擇問題無疑是傅利曼的想法未能成功的原因之一。你可能會認為，如果有人能克服私有訊息的問題，那肯定是學校自己。學校的確非常了解它們的學生，如果它們無法獨立解決這個問題，也可以與營利性企業合作，學校在經濟上有很大的動力找到繞過選擇問題的巧妙方法。經濟肯定是激勵許多人嘗試的原因，但他們對選擇問題仍無能為力。

要了解選擇問題，問問自己：什麼樣的大一新生會接受用收入的一部分，換取大學提供的免費學費？的確，成功在某種程度上取決於運氣，但並非全部。你對生活的選擇也會影響你的收入。有些學生可能會選擇在華爾街找工作；有些人則會選擇非營利機構；有些人為了向上爬，每週努力工作八十小時；還有些人則希望尋求更平衡的生活方式。而新生可能已經對他們希望擁有的生活方式有一些想法。

大學可以試著考慮學生志向上的差異，例如，他們可以同意經濟系學生收取較低的分配百分比（更有可能找到華爾街的工作），對那些學習要成為（飢餓的）藝術家的人收取較高的百分比。但結果顯示，更多資訊只能解決部分問題——學生仍然對自己的未來有更多的了解，超出了學生測驗成績、選擇主修或其他人口統計數據所能涵蓋的範圍。

我們之所以知道這是真實情況，是因為亨德倫（在第四章中已經討論過）與丹尼爾．赫伯思特（Daniel Herbst）合作的研究。[6]

亨德倫和赫伯思特研究了二〇一二年首次就讀大學的學生數據，包括大學希望了解新入學學生的基本人口統計資料，例如年齡、性別、種族，以及家長收入、學業成績和選擇主修的學科。他們追蹤這些學生到二〇一七年，因此他們也知道一個學生是否按時畢業，以及畢業後的起薪。然後，他們運用最新的機器學習技術，根據二〇一二年收入分配協議贊助者可能獲得的資訊，來預測二〇一七年的收入。

關鍵是，樣本中的學生在二〇一二年也被問及有關未來幾年預期的問題，他們畢業的可能性有多高？他們能否找到自己心儀的職業？他們預計能賺多少錢？

學生大多對未來抱持樂觀——不過，我們不都是這樣嗎？平均而言，他們預測畢業時的薪資略高於六萬四千美元，遠高於他們第一份工作實際的平均薪資三萬兩千七百美元。然而，這些新生的預測中仍有許多關於最終收入的訊息：那些預期會賺很多錢的學生，實際上比預期賺比較少錢的學生，更有可能成為高收入者。

更重要的是，從收入分配協議市場的角度來看，當亨德倫和赫伯斯特將學生的預測納入預測模型時，模型更能夠準確預測實際收入。換句話說，學生對未來的了解中，有些資訊無法以他們的成績、主修、家庭背景等等表現出來，因此即使收入分配協議考慮以這些因素來設定學費和收入交換的比例時，對於那些明知自己畢業後不會賺很多錢的學生，仍有足夠的空間。

亨德倫和赫伯斯特得出結論，這些私有訊息及其產生的選擇問題非常重要，因此收入分配協議很難收支平衡。如果任何一所學院嘗試這樣做，那麼它可能會經歷死亡螺旋，正如我們在第二章中描述的哈佛大學，在嘗試重新定價其員工健康保險時所經歷的那樣。選擇問題破壞了這個潛在的雙贏局面，摧毀了本可以幫助低收入學生接受大學教育的市場。亨德倫和赫伯斯特的結論確實是這樣，考慮到私有訊息的程度，他們計算出收入分配協議的價格必須超過大學畢業生預期收入的六〇%以上，才不會虧損。結果是：那些期望值不高不低的人不會有動力去申請。

收入分配協議確實存在。普渡大學（Purdue University）仍然在提供；南美洲新創公司Lumni在哥倫比亞、智利、墨西哥和秘魯也提供收入分配協議，並仍希望進入學生市場最龐大的美國。一家矽谷新創公司Pando協助ＭＢＡ學生和職業運動員建立收入共享團體，因此如果其中一名成員獲得巨大成功，每個人都可以分享利益[7]。

但就我們所知，這些不同計畫的客戶只有數千人，在教育財政裡只是滄海一粟。我們希望收入分配協議未來能夠找到擴展業務的數據運作方式，如果能實現這一點，將會發揮很大的社會效益。但為了達成這個目標，它們需要找到一種迄今似乎只有大學生自己知道的方式，來了解他們的未來。

## 新雇主與求職者之間的資訊不對稱

畢業生進入勞動市場後，選擇的力量仍然會使他們的工作生活變得更加複雜。大多數學生在大學四年級時會尋找工作，因此剛畢業的社會新鮮人找工作並不丟臉（沒找到工作的學生可能到研究所或專業學校繼續深造）。但是在二〇二二年還在寄履歷的二〇二一年畢業生該怎麼辦？一個雇主若在尋找一位理智、穩定且易於管理的員工，並期望他們能長期留在公司，他可能會想知道應徵者之前的老闆為什麼沒有努力留住他們。如果理智、穩定且易於管理的員工是公司試圖留住的員工，求職市場就會面臨經典的選擇問題：只有瘋狂、不穩定、難以管理的「壞」類型才會進入市場。

當然，求職者當然總是有故事可說：他們之前的經理是魔鬼般的老闆；公司的財務狀況變糟了，不得不解雇一些新員工。有時這些理由是真實的，但可能很難和魔鬼般的老闆證實，他當然不會給出什麼友善的推薦。直到應徵者入職並開始上班前，新的雇主處於明顯的資訊劣勢。

求職者和雇主之間，以及前雇主和未來雇主之間的資訊差距，並不意味著如果他們被解雇，或對自己的工作不滿意時，都不能採取行動。然而，這將會導致問題，與整本書中所看到的過於昂貴、狹小的保險市場是完全相似的。換言之，很少有人會離開令人不滿意、收入低微，或由魔鬼般上司監管的工作，因為如果他們這樣做，他們將面臨一個就業市場，在其中人們假定大多數發送履歷的人都有充分的理由失業。由於他們被認為品質較差，所以「價格」——也就是新雇員工的工資，最終會變得「過低」。

薪資太低進一步阻礙了那些猶豫要不要留在現有工作的員工，起身尋找其他工作的意願。因此，薪資下降導致就業者人才池惡化，進而導致雇主對新員工的薪資更加吝嗇。被留任和被解雇員工的收入差距，可能會進一步加劇以下問題：裁員的企業可能會提高他們想留下員工的薪水，以免被迫從被負面篩選的應聘者池中尋找替代者。

「裁員與檸檬」（Layoffs and Lemons）是經濟學家鮑伯．吉本斯（Bob Gibbons）和勞倫斯．卡茨（Lawrence Francis Katz）進行的著名研究，該研究發現了求職者間存在逆選擇的證據。[8]（論文標題是向阿克洛夫提出的逆選擇問題的原始理論致敬，它描述了選擇問題如何影響二手車市場，而研究中的「檸檬」指的是許多車主想甩掉的瑕疵車輛。）

吉本斯和卡茨不僅比較了在同一雇主下工作一段時間的員工，和不斷跳槽的員工之間的薪資差距，因為有很多原因可以解釋，為什麼經常跳槽的人在其他條件相等的情況下可能賺得較少。相反，他們觀察到人們失業有各種原因，其中一些原因引發了更大的選擇困難。如果一家工廠停產，導致所有勞工失業，這可能不是任何單一員工的錯，即使荷馬．辛普森（Homer Simpson）也從未能讓郭董（Montgomery Burn）的核能發電廠永久停工。工廠關閉更有可能是由於更大的市場力量所致——在底特律，汽車製造的利潤越來越少，因此密西根的汽車廠接連關閉——或由於嚴重的管理失策導致整個公司倒閉。這些都不能歸咎於單一負責公司小部分帳目的會計，或是為會計提供技術支援的電腦技術員。然而，如果會計有十二位，只有其中一位被解雇，相對於其他十一位，你一定會想知道被解雇的那位出了什麼問題。

為了測試我們所描述的選擇問題是否困擾就業市場，吉本斯和卡茨比較了因工廠關閉而被解雇的員工（這種關閉是因公司或市場整體問題引起的，而不是特定員工的過錯），與因其他原因被解雇的員工的就業市場結果。他們發現，因為工廠關閉而被迫退出勞動力市場的人，找到新工作的速度更快，而且在這些新職位上的工資比其他原因被裁員的人高出約六%。

這並不意味著你應該在一個虐待狂管理者監督的絕望工作中，長期忍受著抑鬱和傷心。然而，當你離開的時候，你可能需要找到一種可以說服未來雇主的方法，讓他們相信你離開的原因是正確的，或者接受新工作的起薪較低，並希望隨著你證明自己的能力後，薪資也能提高。

## 信貸市場：拿莊家的錢來賭

二〇二一年初，冰上曲棍球選手伊凡德・凱恩（Evander Kane）申請破產。這位聖荷西鯊魚隊（San Jose Sharks）的球星，因定期到拉斯維加斯狂熱賭博而欠下百年銀行

（Centennial Bank）超過八百萬美元的債務。據報導，光是二〇二〇年的最後一個月，他就已經狂灑一百五十萬美元。[9]

雖然像凱恩這樣真的用銀行的錢來賭博是罕見的，但這個故事卻捕捉到了許多信貸合約的核心特徵：銀行有收益的上限，它最多只能根據信貸協助中設定的利率獲得固定的回報；如果客戶違約，收益會更少。相比之下，借款人因貸款賺取的收益是無限的。如果在賭場運氣不錯，便有足夠的錢還款給銀行，而且還能剩下很多。如果命運不太仁慈，銀行什麼都收不回來，借款人也只是回到起點。假設一位創業者運用信用貸款創業，如果業務成功，可能賺取十億美元；如果業務不成功，就得破產，讓銀行損失這筆債務，然後從頭開始。

那麼，銀行最渴望哪種借款人？賭徒和冒險家——換句話說，正是銀行不想要的那些人，因為銀行追求的是穩定而可靠的回報。信貸市場也存在選擇問題。

就像我們之前討論過的選擇市場一樣，這裡也存在著同樣的衝動，即透過提高貸款和信用卡餘額的利率來「解決」問題。然而，漲價只會讓問題變得更糟。誰會想借利率高達五〇%的貸款？只有那些擁有登月般大膽商業點子的企業家，他們認為自己不是發大財，就是破產。

這種對信貸市場的描述是由經濟學家史迪格里茲提出，第五章曾提及他贏得諾貝爾獎和他虛構的五樓公寓。史迪格里茲對於為什麼在較貧困的國家，借款人對於貸款的需求，超過了銀行願意以現行利率提供的貸款供應量而感到興趣。正如他在一九八一年與安德魯．魏斯（Andrew Weiss）的經典文章中所觀察到的，供需失衡應該對利率，即貸款價格產生上漲壓力。[10] 然而，銀行沒有提高貸款利率，而是限制了信貸供應。這種情況和經濟學家長期研究的新古典市場行為並不一致。不過，如果銀行意識到自己處於選擇市場中，這種行為可能正是銀行應該採取的方式——提高利率會吸引不太可靠的客戶，所以最好降低一點，以免讓借款人的品質下降。

如果你現在想著：「信貸市場並不是這樣運作的……」，例如，你可能認為凱恩的破產應該會迫使他償還一部分未付債務。你是對的，凱恩已宣告破產，銀行得以出售他那相當可觀的房屋和其他資產，以回收部分損失。銀行更進一步，要求凱恩用他與鯊魚隊的更高額合約（接下來幾年總額為四千九百萬美元）來擔保債務（撰寫本書時，凱恩和鯊魚隊並未讓銀行扣款）[11]。而在宣布破產後，凱恩的信用評級一定會大打折扣，因此他將來也很難借到錢。

這些都只是一部分措施，既可以限制選擇問題對信貸市場造成的損害，同時也限制了信貸的利益。如果你需要質押與貸款等值的擔保品，對於那些因為名下沒有任何財產，希望靠借貸讓未來賺取更多收入的人而言，無法提供任何幫助。銀行的業務是提供貸款，而不是舉行拍賣會，因此最好不要讓銀行被迫用查封擔保品來彌補未償還的債務。在借款人沒有祕密的世界裡，每個人都會受益。

需要提供擔保品，只是銀行為了吸引最有可能償還債務的客戶而採取的眾多方式之一。換句話說，它們非常遵循本書中保險市場裡企業所採取的方法。放貸者在貸款合約中加入條件，好篩選出最糟糕的風險。舉個例子，為了獲得汽車貸款，你需要先付一筆購車款項，若該車被收回，借款人的痛苦會增加；或是貸款人可能需要保人，該人在拖欠情況下也要承擔責任。

貸款人花費了許多心力去蒐集數據來預測違約情況。這些資訊通常會被綜合記錄在信用評分中。例如，凱恩拖欠數百萬美元債務，肯定會摧毀他的信用等級。不過，在你到達那個程度之前，你在財務生活中所做出的許多大小決定逐漸累積成一個信用評分，這是決定你能否以什麼樣的利率獲得房貸、貸款或信用卡的重要因素。貸款並償還是一個好的跡象、同時申請多張信用卡是不好的跡象、準時付款可以加分，但違約是為你的信用評分宣判死刑。

然而，即使憑藉信用評分和其他違約預測指標，借款人仍然掌握着私有訊息。這是賴瑞．奧蘇貝爾（Larry Ausubel）一項非凡研究的發現之一，該研究與一家美國大型銀行合作進行（該銀行在研究中未署名）[12]。該銀行進行了一項實驗，以隨機變化的條款向不同的潛在客戶推銷信用卡。

你可能已經在郵件中收到過這類推銷信。它們看起來都差不多：「你已經獲得Acme信用卡的預先核准——在前六個月中優惠利率僅要二％！」（然後，信上有更小的文字說明，六個月後利率會跳到二〇％或其他數字。）

在奧蘇貝爾的研究中，銀行在每次推銷郵件中提供的信用卡條款是不同的。例如，一個幸運的家庭可能得到二％的「引誘利率」，而另一個家庭可能收到六％的利率。後續長期的利息對某些人可能是一〇％，對另一些人可能是二〇％。奧蘇貝爾可以分析這些條款如何影響收件人是否接受提案，以及誰接受了提案。由於存在選擇問題，銀行關注的不僅僅是獲得多少客戶，還要確保獲得「正確」的客戶。

與其他銀行一樣，這家發卡銀行對於每位推銷信件收件者的風險有一些概念。因此，它可以比較在特定條款下，那些信用評分較低且具有其他違約紀錄的人，是否會接受該信用卡。被標記為高風險的人確實更有可能接受該信用卡。在廣告利率特別高的情況下，接受提案的人與忽略它的人之間的信用價值差距最大——信用評分良好的人，不會對條款惡劣的信用卡感興趣。

史迪格里茲和魏斯的理論有實證證據：即使在現有利率下，貸款就有高度需求，那麼保持利率不變也是很合理的。如果提升利率會阻礙最好的客戶申請，那這便不是有利可圖的策略。史迪格里茲在二〇〇一年諾貝爾獎演講中觀察到，之前的經濟學家假設私有訊息的問題不存在，是因為他們真的認為所有相關數據都是公開的。然而正如我們在本書中所看到的，問題在於存在私有訊息的情況下，更難對市場行為進行建模和分析。或許最好的方法就是假設它不存在，並期望一切順利。不過，正如史迪格里茲帶領的資訊經濟學革命所展示的，資訊對市場能否順利運作有非常重要的作用。

史迪格里茲進一步解釋，私有訊息的特定性質和後果在不同市場一定有所不同，例如借款人的祕密和保險客戶的祕密會帶來不同的後果。這些祕密的本質可能因市場和情況而異。正如史迪格里茲故意（或無意）重新利用托爾斯泰（Leo Tolstoy）關於幸福家庭的名言：「儘管存在一種讓資訊完美的方式，但卻有無窮無盡的方式讓資訊不完美。」[13]

因此，儘管所有選擇市場確實存在共同特徵，但理解選擇問題在信貸市場中的影響需要一本專書闡述；勞動市場的選擇問題也是如此。希望我們的介紹已經讓你淺嘗這些專書豐富的內容。

# 致謝詞

這本書非常感激許多慷慨的朋友、家人和同事閱讀了初稿。我們三人的父親——Roni Einav、Alan Finkelstein和Michael Fisman——都閱讀了最早的初稿，並提供了詳盡的評論，還有些有用的見解，告訴我們「真實的人」（或至少是非經濟學家）如何思考。此外，Gill Bejerano、Todd Fitch、Annabella Gong、Gail Marcus、Ben Olken、Maura O'Neill、Emily Oster、Jim Poterba和Gina Wilson都對整個初稿提供了廣泛的評論，有時甚至是多次評論。

我們也要感謝以下人員對初稿的某些部分提供了重要回饋：Ran Abramitzky、George Akerlof、Colleen Carey、Nathan Hendren、Damon Jones、Julian Reif、Steve Shebik、David Stuewe和Mark Vonnahme。

我們非常感謝Connie Xu，她是位非常傑出的研究助理，從一開始就一直幫助我們，即使在她轉為全職博士生後。她能理解我們模糊的要求和想法，深入探討一個主題，並提供重要的背景資訊和有趣的細節，這些都直接成為本書的養分，珍貴無比。她始終保持愉快的情緒，對我們提出的各種要求（從汽車保險強制令到壽險基因檢測監管，再到寵物健康保險）展現熱情，我們十分感謝她。如果沒有她，這本書就完全不一樣了。

最後，我們都要感謝我們的家人，儘管方式不同。雷要感謝他的妻子和孩子們，並向他們道歉，因為他們無數次吃晚餐聊天時，都要忍受他講述本書裡有趣的保險故事。艾咪很感謝她的丈夫班，儘管他是一個糟糕的保險客戶（見第五章），但他一直堅定支持著她，給予她明智的建議；在他們第一次約會，他就以討論支付（他那一部分）餐點信用卡的選擇特性，贏得了她的芳心。利倫仍在試圖說服他的妻子和孩子相信，保險真的比棕色襪子有趣得多（請見序言）。

# 註釋

## 第一章

1. "Company News: American to Offer Fixed-Fare Passes," *New York Times*, September 22, 1981, sec. Business, https://www.nytimes.com/1981/09/22/business/company-news-american-to-offer-fixed-fare-passes.html; Ken Bensinger,"The Frequent Fliers Who Flew Too Much," *Los Angeles Times,* May 5, 2012, sec. Travel, https://www.latimes.com/travel/la-xpm-2012-may-05-la-fi-0506-golden-ticket-20120506-story.html.
2. George A. Akerlof, "The Market for 'Lemons': Quality Uncertainty and the Market Mechanism," *Quarterly Journal of Economics 84*, no. 3 (1970): 488–500, https://doi.org/10.2307/1879431; Nobel Prize, "George A. Akerlof," accessed January 26, 2022, https://www.nobelprize.org/prizes/economic-ciences/2001/akerlof/facts/.
3. GEICO, "Geico Pet Insurance Calculator," accessed February 1, 2022, https://www.geico.com/pet-

insurance/.

4. Michael Isbell, "AIDS and Access to Care: Lessons for Health Care Reformers,"*Cornell Journal of Law and Public Policy 3*, no. 1 (1993): 7–54; California Task Force on HIV/AIDS Insurance Issues, *Report to the Commissioner from the Task Force on HIV/AIDS Insurance Issues* (Sacramento: California Department of Insurance, 1992).
5. Society of Actuaries AIDS Task Force, "The Impact of Aids on Life and Health Insurance Companies: A Guide for Practicing Actuaries," *Transactions of Society of Actuaries 40*, pt. 2 (1988), https://www.soa.org/globalassets/assets/library/research/transactions-of-society-of-actuaries/1988/january/tsa88v40pt25.pdf; Jane E. Sisk, "The Costs of Aids: A Review of the Estimates," *Health Affairs 6*, no. 2(1987): 5–21.
6. World Health Organization, "HIV/AIDS," November 30, 2020, https://www.who.int/news-room/fact-sheets/detail/hiv-aids; Richard A. McKay, "'Patient Zero': The Absence of a Patient's View of the Early North American AIDS Epidemic," *Bulletin of the History of Medicine 88*, no. 1 (2014): 161–94.
7. Transcript of Oral Argument, Department of Health and Human Services, et al., v. Florida, et al., No. 11-398 (Supreme Court of the United States March 27, 2012).
8. Holly Wood, "Unless You've Lived without Health Insurance, You Have No Idea How Scary It Is,"

*Vox*, March 14, 2017, https://www.vox.com/first-person/2017/3/14/14907348/health-insurance-uninsured-ahca-obamacare.

9. Kaitlyn Wells and Mark Smirniotis, "How to Shop for the Best Pet Insurance," *Wirecutter, New York Times*, August 25, 2021, https://www.nytimes.com/wirecutter/reviews/best-pet-insurance/.

10. Timothy Snyder, *Our Malady: Lessons in Liberty from a Hospital Diary* (New York: Crown, 2020), 138.

11. Anne B. Martin, Micah Hartman, David Lassman, and Aaron Catlin, "National Health Care Spending in 2019: Steady Growth for the Fourth Consecutive Year," *Health Affairs 40*, no. 1 (December 16, 2020): 14–24, https://doi.org/10.1377/hlthaff.2020.02022; Insurance Information Institute, "Facts + Statistics:Industry Overview," accessed September 13, 2021, https://www.iii.org/fact-statistic/facts-statistics-industry-overview; U.S. Bureau of Economic Analysis, "Gross Domestic Product, Fourth Quarter and Year 2019 (Third Estimate); Corporate Profits, Fourth Quarter and Year 2019," March 26, 2020, https://www.bea.gov/news/2020/gross-domestic-product-fourth-quarter-and-year-2019-third-estimate-corporate-profits.

12. Congressional Budget Office, "The Federal Budget in 2019: An Infographic," April 15, 2020, https://www.cbo.gov/publication/56324; U.S. Department of the Treasury, "Remarks of Under Secretary of the Treasury Peter R. Fisher to the Columbus Council on World Affairs Columbus, Ohio Beyond

Borrowing: Meeting the Government's Financial Challenges in the 21st Century," press release, November 14, 2002, https://www.treasury.gov/press-center/press-releases/Pages/po3622.aspx.

13. Center for Responsive Politics, "Defense PACs Contributions to Candidates," OpenSecrets, 2020, https://www.opensecrets.org/political-action-committees-pacs/industry-detail/D/2020; Insurance Information Institute, "Facts + Statistics"; Center for Responsive Politics, "Industry Breakdown," OpenSecrets, 2020, https://www.opensecrets.org/political-action-committees-pacs/industry-breakdown/2020.

## 第二章

1. Mark Leland, "FOX 11 Investigates Layoff Insurance," Fox 11 News, November 11, 2018, https://fox11online.com/news/fox-11-investigates/fox-11-investigates-layoff-insurance.

2. Jackson, comment on "Good Luck Getting Private Insurance for Unemployment," *New York Times*, August 7, 2009, sec. Your Money, https://www.nytimes.com/2009/08/08/your-money/08money.html; Ron Lieber, "Finally, Private Unemployment Insurance. But Will Anyone Buy It?," *New York Times*, May 27, 2016, sec. Your Money, https://www.nytimes.com/2016/05/28/your-money/finally-private-unemployment-insurance-but-will-anyone-buy-it.html.

3. Jackson, comment on "Good Luck Getting Private Insurance"; Relaxed_Meat, "IncomeAssure Supplemental Unemployment Insurance," *R/Personalfinance*, Reddit, May 4, 2016, http://www.reddit.com/r/personalfinance/comments/4hwzx8/incomeassure_supplemental_unemployment_insurance/.
4. Erin McDowell, "The Average Cost of Getting Divorced Is $15,000 in the US—but Here's Why It Can Be Much Higher," *Business Insider*, August 1, 2019, https://www.businessinsider.com/average-cost-divorce-getting-divorced-us-2019-7.
5. National Center for Health Statistics, Center for Disease Control and Prevention, "National Marriage and Divorce Rate Trends," 2021, https://www.cdc.gov/nchs/data/dvs/national-marriage-divorce-rates-00-19.pdf.
6. Monica Scherer, "Divorce Insurance?," *Maryland Divorce Lawyer Blog*, November 2, 2012, https://www.marylanddivorcelawyerblog.com/divorce_insurance/; Jennifer Saranow Schultz, "Divorce Insurance (Yes, Divorce Insurance)," *Bucks*(blog), *New York Times*, August 6, 2010, https://bucks.blogs.nytimes.com/2010/08/06/divorce-insurance-yes-divorce-insurance/.
7. Schultz, "Divorce Insurance."
8. Doug Kenney, "A Dog Named Buffy Launches Pet Health Insurance," Your Pet Insurance Guide, February 24, 2009, https://www.petinsuranceguideus.com/2009/02/a-.html.

9. Statista, "Pet Insurance Premium Volume in the U.S. 2013–2019," November 5, 2020, https://www.statista.com/statistics/606279/total-premium-volume-for-pet-insurance-usa/; Susan Jenks, "Pet Insurance Is the Latest Work Perk," *New York Times*, June 7, 2017, https://www.nytimes.com/2017/06/07/well/family/pet-insurance-is-the-latest-work-perk.html.
10. Petplan, "Start Quote," December 2020, https://www.gopetplan.com/mypet.
11. Embrace Pet Insurance, "Comprehensive Pet Insurance Coverage," 2021, https://www.embracepetinsurance.com/coverage/pet-insurance-plan; Trupanion, "Is Your Pet Eligible for Pet Health Insurance?," 2021, https://trupanion.com/pet-insurance/is-your-pet-eligible.
12. Kaitlyn Wells and Mark Smirniotis, "How to Shop for the Best Pet Insurance," *Wirecutter, New York Times*, August 25, 2021, https://www.nytimes.com/wirecutter/reviews/best-pet-insurance/.
13. Marika Cabral, "Claim Timing and Ex Post Adverse Selection," *Review of Economic Studies 84*, no. 1 (January 2017): 1–44, https://doi.org/10.1093/restud/rdw022.
14. David M. Cutler and Sarah J. Reber, "Paying for Health Insurance: The Trade-Off between Competition and Adverse Selection," *Quarterly Journal of Economics 113*, no. 2 (1998): 433–66.
15. Thomas C. Buchmueller and Paul J. Feldstein, "The Effect of Price on Switching among Health Plans," *Journal of Health Economics 16*, no. 2 (April 1, 1997): 231–47, https://doi.org/10.1016/

S0167-6296(96)00531-0.

16. Charles Kelley Knight, *The History of Life Insurance in the United States to 1870* (Philadelphia: University of Pennsylvania, 1920).

17. Gerard Malynes, *Consuetudo; Vel, Lex Mercatoria; or, The Ancient Law-Merchant, in Three Parts, According to the Essentials of Traffick* (London: Basset, 1622); Knight, *History of Life Insurance*.

18. Geoffrey Clark, "Life Insurance in the Society and Culture of London, 1700–75," *Urban History 24*, no. 1 (1997): 17–36.

19. Knight, *History of Life Insurance*; Cornelius Walford, "History of Life Assurance in the United Kingdom (Continued)," *Journal of the Institute of Actuaries and Assurance Magazine 25*, no. 3 (1885): 207–16; Clark, "Life Insurance in the Society and Culture of London."

20. Mila Araujo and Julius Mansa, "What to Expect from a Life Insurance Medical Exam," *The Balance*, April 1, 2021, https://www.thebalance.com/what-to-expect-your-life-insurance-medical-exam-2645799.

21. Daifeng He, "The Life Insurance Market: Asymmetric Information Revisited," *Journal of Public Economics 93*, no. 9 (October 1, 2009): 1090–97, https://doi.org/10.1016/j.jpubeco.2009.07.001.

22. Logan Sachon, "What Happens If You Lie on Your Life Insurance Application," *Policygenius*, August

2, 2019, https://www.policygenius.com/blog/what-happens-if-you-lie-on-your-life-insurance-application/.

23. Northwestern Mutual Life Insurance Company, "Form of Life Insurance Application," accessed April 20, 2021, https://www.sec.gov/Archives/edgar/data/742277/000119312505088510/dex99e.htm; Andrew P. Tobias, *The Invisible Bankers* (Markham, Ont.: PaperJacks, 1983); Aubrey Cohen, "How DUIs Can Wreck Your Chance to Buy Life Insurance," *USA Today*, September 26, 2015, https://www.usatoday.com/story/money/personalfinance/2015/09/26/nerdwallet-life-insurance-drunk-driving/72825260/.

24. Victoria Divino, Mitch DeKoven, John H. Warner, Joseph Guiliano, Karen E. Anderson, Douglas Langbehn, and Won Chan Lee, "The Direct Medical Costs of Huntington's Disease by Stage: A Retrospective Commercial and Medicaid Claims Data Analysis," *Journal of Medical Economics 16*, no. 8 (August 2013): 1043–50, https://doi.org/10.3111/13696998.2013.818545.

25. Huntington's Disease Collaborative Research Group, "A Novel Gene Containing a Trinucleotide Repeat That Is Expanded and Unstable on Huntington's Disease Chromosomes," *Cell 72*, no. 6 (1993): 971–83.

26. Kalyan B. Bhattacharyya, "The Story of George Huntington and His Disease," *Annals of Indian*

*Academy of Neurology 19*, no. 1 (2016): 25–28, https://doi.org/10.4103/0972-2327.175425; Chuck Dinerstein, "The Hamptons, Huntington's & Hope," American Council on Science and Health, May 22, 2019, https://www.acsh.org/news/2019/05/22/hamptons-huntingtons-hope-14047.

27. Howard Markel, "This Genetic Brain Disorder Turned Woody Guthrie's Life from Songs to Suffering," *PBS.org*, July 14, 2019, https://www.pbs.org/newshour/health/this-genetic-brain-disorder-turned-woody-guthries-life-from-songs-to-suffering; Judity Dobrzynski, "The Lost Years of Woody Guthrie: The Singer's Life in Greystone Hospital," *Aljazeera America*, January 12, 2014, http://america.aljazeera.com/features/2014/1/when-the-hard-travelinawasoverwoodyguthrieatgreystonehospital.html; Woody Guthrie Publications, "The Hospital Years (1954–1967)," accessed October 29, 2020, https://www.woodyguthrie.org/biography/biography8.htm.

28. Jeff Wallenfeldt, "Woody Guthrie | Biography, Music, & Facts," *Britannica*, accessed April 9, 2021, https://www.britannica.com/biography/Woody-Guthrie; Huntington's Disease Society of America, "Long-Term Care Huntington's Disease," Family Guide Series booklet, 2009.

29. Emily Oster, Ira Shoulson, Kimberly Quaid, and E. Ray Dorsey, "Genetic Adverse Selection: Evidence from Long-Term Care Insurance and Huntington Disease," *Journal of Public Economics 94*, no. 11 (December 1, 2010): 1041–50, https://doi.org/10.1016/j.jpubeco.2010.06.009.

30. "For Arlo Guthrie, 'Alice' Brought What He Wanted," *New York Times*, August 8, 2007, sec. Arts, https://www.nytimes.com/2007/08/08/arts/08iht-guthrie.1.7034904.html; Emily Oster, Ira Shoulson, and E. Ray Dorsey, "Optimal Expectations and Limited Medical Testing: Evidence from Huntington Disease," *American Economic Review 103*, no. 2 (2013): 804–30, https://doi.org/10.1257/aer.103.2.804.
31. National Human Genome Research Institute, "Genetic Discrimination," accessed April 9, 2021, https://www.genome.gov/about-genomics/policy-issues/Genetic-Discrimination.
32. Kira Peikoff, "Fearing Punishment for Bad Genes," *New York Times*, April 7, 2014, https://www.nytimes.com/2014/04/08/science/fearing-punishment-for-bad-genes.html?searchResultPosition=6.

## 第三章

1. Craig R. Whitney, "Jeanne Calment, World's Elder, Dies at 122," *New York Times*, August 5, 1997, sec. World, https://www.nytimes.com/1997/08/05/world/jeanne-calment-world-s-elder-dies-at-122.html; Lucinda Smyth, "Jeanne Calment: The Supercentenarian Who Met Van Gogh and Lived to See Tony Blair Elected PM," *Prospect*, August 21, 2018, https://www.prospectmagazine.co.uk/arts-and-books/jeanne-calment-the-supercentenarian-who-met-van-gogh-and-lived-to-see-tony-blair-

elected-pm; Jason Daley, "Was the World's Oldest Person Ever Actually Her 99-Year-Old Daughter?," *Smithsonian Magazine*, January 2, 2019, https://www.smithsonianmag.com/smart-news/study-questions-age-worlds-oldest-woman-180971153/; Lauren Collins, "Was Jeanne Calment the Oldest PersonWho Ever Lived—or a Fraud?," *New Yorker*, February 10, 2020, https://www.newyorker.com/magazine/2020/02/17/was-jeanne-calment-the-oldest-person-who-ever-lived-or-a-fraud.

2. "A 120-Year Lease on Life Outlasts Apartment Heir," *New York Times*, December 29, 1995, sec. A.
3. Social Security Administration, "Actuarial Life Table," 2017, https://www.ssa.gov/oact/STATS/table4c6.html.
4. Smyth, "Jeanne Calment."
5. Social Security Administration, "Actuarial Life Table," 2017, https://www.ssa.gov/oact/STATS/table4c6.html.
6. Anders Hald, *A History of Probability and Statistics and Their Applications before 1750* (Hoboken, N.J.: Wiley, 1990); Poterba, "Annuities in Early Modern Europe."
7. Murphy, *Sale of Annuities by Governments*; Aquinas, *Summa Theologiae; Poterba*, "Annuities in Early Modern Europe"; Usury Act, 13 Ann., c. 15 (1714).
8. Sybil Campbell, "Usury and Annuities of the Eighteenth Century," *Law Quarterly Review 44*, no. 4

(1928): 473.

9. Geoffrey Poitras, *The Early History of Financial Economics, 1478–1776* (Northampton, Mass.: Elgar, 2000); Francois R. Velde and David R. Weir, "The Financial Market and Government Debt Policy in France, 1746–1793," *Journal of Economic History 52*, no. 1 (1992): 1–39; Poterba, "Annuities in Early Modern Europe"; Michael Wolfe, *Walled Towns and the Shaping of France: From the Medieval to the Early Modern Era* (New York: Palgrave Macmillan, 2009); Nicolas De Vijlder and Michael Limberger, "Public or Private Interests? The Investment Behaviour of Public Officials in Antwerp during the Early Modern Period," *Financial History Review 21*, no. 3 (2014): 301–26; Murphy, *Sale of Annuities by Governments*; John Briscoe, "An Abstract of the Discourse on the Late Funds of the Million-Act, Lottery-Act, and Bank of England" (London, 1694); George Alter and James C. Riley, "How to Bet on Lives: A Guide to Life Contingent Contracts in Early Modern Europe," *Research in Economic History 10* (1986): 1–53.

10. Poterba, "Annuities in Early Modern Europe."

11. Poterba, "Annuities in Early Modern Europe"; Murphy, *Sale of Annuities by Governments.*

12. Poterba, "Annuities in Early Modern Europe"; Alter and Riley, "How to Bet on Lives"; Velde and Weir, "Financial Market and Government Debt Policy"; George V. Taylor, "The Paris Bourse on the

Eve of the Revolution, 1781–1789," *American Historical Review 67*, no. 4 (1962): 951–77.

13. Alter and Riley, "How to Bet on Lives"; Poterba, "Annuities in Early Modern Europe."
14. John Francis, *Annals, Anecdotes and Legends: A Chronicle of Life Assurance* (London: Longman, Brown, Green, and Longmans, 1853); Murphy, *Sale of Annuities by Governments*; Poterba, "Annuities in Early Modern Europe."
15. Hald, *History of Probability and Statistics*.
16. Edmond Halley, "An Estimate of the Degrees of the Mortality of Mankind: Drawn from Curious Tables of the Births and Funerals at the City of Breslaw; with an Attempt to Ascertain the Price of Annuities upon Lives," *Philosophical Transactions of the Royal Society of London 17*, no. 196 (January 1, 1693): 596–610, https://doi.org/10.1098/rstl.1693.0007; Geoffrey Heywood, "Edmond Halley—Actuary," *Quarterly Journal of the Royal Astronomical Society 35*, no. 1 (1994): 151; Poitras, "Early History of Financial Economics."
17. Marquis James, *The Metropolitan Life: A Study in Business Growth* (New York: Viking, 1947).
18. Jan de Witt, *Value of Life Annuities in Proportion to Redeemable Annuities* (1671); Wade Pfau, "Annuity Pricing 101," *Forbes*, August 13, 2015, https://www.forbes.com/sites/wadepfau/2015/08/13/annuity-pricing-101/.

19. Poterba, "Annuities in Early Modern Europe"; Velde and Weir, "Financial Market and Government Debt Policy."

20. Menahem E. Yaari, "Uncertain Lifetime, Life Insurance, and the Theory of the Consumer," *Review of Economic Studies 32*, no. 2 (April 1, 1965): 137–50, https://doi.org/10.2307/2296058; Thomas Davidoff, Jeffrey R. Brown, and Peter A. Diamond, "Annuities and Individual Welfare," *American Economic Review 95*, no. 5 (December 2005): 1573–90, https://doi.org/10.1257/000282805775014281.

21. Jeffrey R. Brown, "Rational and Behavioral Perspectives on the Role of Annuities in Retirement Planning" (NBER Working Paper 13537, National Bureau of Economic Research, Cambridge, Mass., October 23, 2007), https://doi.org/10.3386/w13537; Davidoff, Brown, and Diamond, "Annuities and Individual Welfare"; Jeffrey R. Brown, Jeffrey R. King, Sendhil Mullainathan, and Marian V. Wrobel, "Why Don't People Insure Late-Life Consumption? A Framing Explanation of the Under-Annuitization Puzzle," *American Economic Review 98*, no. 2 (May 2008): 304–9, https://doi.org/10.1257/aer.98.2.304.

22. Ron Lieber, "We Went to a Steak Dinner Annuity Pitch. The Salesman Wasn't Pleased," *New York Times*, November 30, 2018, sec. Your Money, https://www.nytimes.com/2018/11/30/your-money/

retirement-annuities-steak-dinner.html; FBI, "Elder Fraud," accessed January 26, 2022, https://www.fbi.gov/scams-and-safety/common-scams-and-crimes/elder-fraud.

23. Lawrence Pines, "Understanding the Rules for Defined-Benefit Pension Plans," *Investopedia*, May 31, 2021, https://www.investopedia.com/articles/credit-loans-mortgages/090816/understanding-rules-defined-benefit-pension-plans.asp.

24. Halley, "Estimate of the Degrees of the Mortality"; Heywood, "Edmond Halley," 151.

25. Rabah Kamal, Julie Hudman, and Daniel McDermott, "What Do We Know about Infant Mortality in the U.S. and Comparable Countries?," Peterson-KFF Health System Tracker, October 18, 2019, https://www.healthsystemtracker.org/chart-collection/infant-mortality-u-s-compare-countries/#item-start; Social Security Administration, "Actuarial Life Table," 2017, https://www.ssa.gov/oact/STATS/table4c6.html.

26. Congressional Budget Office, "The Federal Budget in 2019: An Infographic," April 15, 2020, https://www.cbo.gov/publication/56324.

27. Society of Actuaries, "Mortality and Other Rate Tables," accessed April 27, 2021, https://mort.soa.org/.

28. James Poterba and Adam Solomon, "Discount Rates, Mortality Projections, and Money's Worth Calculations for US Individual Annuities" (NBER Working Paper 28557, National Bureau of

Economic Research, Cambridge, Mass., March 2021), https://doi.org/10.3386/w28557.

## 第四章

1. Andrew McFarlane, "How the UK's First Fatal Car Accident Unfolded," *BBC News Magazine*, August 17, 2010, https://www.bbc.com/news/magazine -10987606; Fredrick Kunkle, "121 Years Ago Bridget Driscoll Was the First Pedestrian to Be Killed by an Automobile," *Washington Post*, March 22, 2018, https://www.washingtonpost.com/news/tripping/wp/2018/03/22/fatal-crash-with-self-driving-car-was-a-first-like-bridget-driscolls-was-121-years-ago-with-one-of-the-first-cars/.
2. Roger Roots, "The Dangers of Automobile Travel: A Reconsideration," *American Journal of Economics and Sociology 66*, no. 5 (2007): 959–76; Federal Highway Administration, "Motor Vehicle Traffic Fatalities, 1900–2007," 2007, https://www.fhwa.dot.gov/policyinformation/statistics/2007/pdf/fi200.pdf.
3. Patrick Robertson, *Robertson's Book of Firsts: Who Did What for the First Time* (London: Bloomsbury, 2011); "Perils of Automobile Manipulation—What Experience Is Teaching—Necessity for Insurance of Machines and against Personal Accidents—New Policy Forms Issued by the Travelers Insurance Company," *The Spectator*, April 15, 1909.

4. "Gilbert Loomis, 90, an Inventor of Cars," *New York Times*, October 27, 1961.
5. Allstate Insurance, "Allstate Online Shopping," accessed February 2, 2022, https://purchase.allstate.com/onlineshopping/welcome; Nationwide, "Auto Insurance—Get a Free Car Insurance Quote," accessed February 2, 2022, https://www.nationwide.com/personal/insurance/auto/.
6. U.S. Department of State, "Vehicle Liability Insurance Requirements," accessed April 29, 2021, https://www.state.gov/vehicle-liability-insurance-requirements/.
7. Eric J. Holweg, "Mariner's Guide for Hurricane Awareness in the North Atlantic Basin," National Oceanic and Atmospheric Administration, Silver Spring, Md., August 2000.
8. Christopher Kingston, "Governance and Institutional Change in Marine Insurance, 1350–1850," *European Review of Economic History 18*, no. 1 (February 1, 2014): 4, https://doi.org/10.1093/ereh/het019.
9. Christopher Kingston, "Adverse Selection and Institutional Change in Eighteenth Century Marine Insurance" (unpublished working paper, Amherst College, Amherst, Mass., November 17, 2016).
10. U.S. Federal Highway Administration, *Driver License Administration Requirements and Fees* (Washington, D.C.: U.S. Department of Transportation, Federal Highway Administration, 1967).
11. "Perils of Automobile Manipulation"; U.S. Federal Highway Administration, *Driver License*

*Administration Requirements and Fees*; U.S. Senate Subcommittee on Antitrust and Monopoly, *The Insurance Industry: Hearings Before the United States Senate, Senate Subcommittee on Antitrust and Monopoly* (1971); Dorothy Barclay, "A a Car: A Problem," *New York Times*, November 22, 1959, https://www.nytimes.com/1959/11/22/archives/a-boy-a-car-a-problem.html.

12. "Telling the Risky from the Reliable," *Businessweek*, August 1, 2005.

13. Allstate Insurance, "Allstate Online Shopping"; Nationwide, "Auto Insurance"; State Farm, "Car Insurance Quote Checklist—State Farm," accessed February 2, 2022, https://www.statefarm.com/insurance/auto/resources/auto-insurance-checklist.

14. Federal Trade Commission, "Credit-Based Insurance Scores: Impacts on Consumers of Automobile Insurance," July 2007; Jane Birnbaum, "A Poor Credit Rating May Affect Auto Policy," *New York Times*, August 27, 1994, sec. 1.

15. Alma Cohen, "Asymmetric Information and Learning: Evidence from the Automobile Insurance Market," *Review of Economics and Statistics 87*, no. 2 (2005): 197–207; Hyojoung Kim, Doyoung Kim, Subin Im, and James W. Hardin, "Evidence of Asymmetric Information in the Automobile Insurance Market: Dichotomous versus Multinomial Measurement of Insurance Coverage," *Journal of Risk and Insurance 76*, no. 2 (2009): 343–66; Peng Shi, Wei Zhang, and Emiliano A. Valdez, "Testing

Adverse Selection with Two-Dimensional Information: Evidence from the Singapore Auto Insurance Market," *Journal of Risk and Insurance 79*, no. 4 (2012): 1077–1114.

16. Cohen, "Asymmetric Information and Learning."

17. Ralph Nader, *Unsafe at Any Speed* (New York: Pocket Books, 1966).

18. Nathaniel Hendren, "Private Information and Insurance Rejections," *Econometrica 81*, no. 5 (September 2013): 1713–62.

19. William Vickrey, "Automobile Accidents, Tort Law, Externalities, and Insurance: An Economist's Critique," *Law and Contemporary Problems 33*, no. 3 (July 1, 1968): 464–87; Nobel Prize, "William Vickrey," accessed January 26, 2022, https://www.nobelprize.org/prizes/economic-sciences/1996/vickrey/biographical/.

20. Progressive, "Our History," accessed April 30, 2021, https://www.proressive.com/about/history/; Adam Tanner, "Data Monitoring Saves Some People Money on Car Insurance, but Some Will Pay More," *Forbes*, August 14, 2013, https://www.forbes.com/sites/adamtanner/2013/08/14/data-monitoring-saves-some-people-money-on-car-insurance-but-some-will-pay-more/#28f33a3e2334; Steve O'Hear, "Cuvva Raises £15M Series A to Launch Flexible Monthly Car Insurance," *TechCrunch*, December 3, 2019, https://techcrunch.com/2019/12/03/cuvva-raises-15m/.

21. Ptolemus Consulting Group, "UBI Infographic 2018," 2018, https://www.ptolemus.com/ubi-infographic-2018/.

22. timberwolvesguy, comment on "Don't Use Insurance Tracking Devices to Get a Discount!," *r/cars*, Reddit, August 7, 2018, https://www.reddit.com/r/cars/comments/957a7w/dont_use_insurance_tracking_devices_to_get_a/.

23. Yizhou Jin and Shoshana Vasserman, "Buying Data from Consumers: The Impact of Monitoring Programs in U.S. Auto Insurance" (NBER Working Paper 29096, National Bureau of Economic Research, Cambridge, Mass., 2021), https://doi.org/10.3386/w29096; Lee Rainie and Maeve Duggan, "Auto Insurance Discounts and Monitoring," Pew Research Center, January 14, 2016, https://www.pewresearch.org/internet/2016/01/14/scenario-auto-insurance-discounts-and-monitoring/.

24. Amy Finkelstein and James Poterba, "Testing for Asymmetric Information Using 'Unused Observables' in Insurance Markets: Evidence from the UK Annuity Market," *Journal of Risk and Insurance 81*, no. 4 (2014): 709–34.

25. Halley, "Estimate of the Degrees of the Mortality of Mankind."

26. Aquinas, *Summa Theologiae*; Bernard W. Dempsey, "Just Price in a Functional Economy," *American Economic Review 25*, no. 3 (1935): 471–86.

27. Virginia Heffernan, "Amazon's Prime Suspect," *New York Times Magazine*, August 6, 2010, https://www.nytimes.com/2010/08/08/magazine/08FOB-medium-t.html; David Streitfeld, "On the Web, Price Tags Blur," *Washington Post*, September 27, 2000, https://www.washingtonpost.com/archive/politics/2000/09/27/on-the-web-price-tags-blur/14daea51-3a64-488f-8e6b-c1a3654773da/.

28. Daniel Kahneman, Jack L. Knetsch, and Richard Thaler, "Fairness as a Constraint on Profit Seeking: Entitlements in the Market," *American Economic Review 76*, no. 4 (1986): 728–41.

29. Judity Dobrzynski, "The Lost Years of Woody Guthrie: The Singer's Life in Greystone Hospital," *Aljazeera America*, January 12, 2014, http://america.aljazeera.com/features/2014/1/when-the-hard-travelinawasoverwoodyguthrieatgreystonehospital.html.

30. Julia Angwin, Jeff Larson, Lauren Kirchner, and Surya Mattu, "Minority Neighborhoods Pay Higher Car Insurance Premiums than White Areas with the Same Risk," ProPublica, April 5, 2017, https://www.propublica.org/article/minority-neighborhoods-higher-car-insurance-premiums-white-areas-same-risk?token=MZ4huG2khovdFzdzgBUWYctqeKrXQgA5.

31. Teresa Hunter, "Your Pension Will Depend on Your Postcode: Norwich Union Will Base Annuities on Location and Socio-economic Status," *Sunday Telegraph*, July 6, 2003; Naomi Caine, "Postcode Prejudice," *Sunday Times*, July 13, 2003.

32. Kahneman, Knetsch, and Thaler, "Fairness as a Constraint on Profit Seeking," 732–33.
33. Maddy Varner and Aaron Sankin, "Suckers List: How Allstate's Secret Auto Insurance Algorithm Squeezes Big Spenders," The Markup, February 25, 2020, https://themarkup.org/allstates-algorithm/2020/02/25/car-insurance-suckers-list.
34. Varner and Sankin.
35. John Rawls, *A Theory of Justice* (Cambridge, Mass.: Harvard University Press, 1971).

## 第五章

1. Arthur Conan Doyle, "A Scandal in Bohemia," in *The Adventures of Sherlock Holmes* (New York: A. L. Burt, 1920), 12.
2. Doyle, 21.
3. Doyle, 24.
4. Mila Araujo and Thomas Catalano, "What Is the Dental Insurance Waiting Period and How Does It Work?," *The Balance*, August 7, 2020, https://www.thebalance.com/dental-insurance-waiting-period-2645722; Centers for Medicare and Medicaid Services, "Gym Membership Coverage," accessed October 28, 2020, https://www.medicare.gov/coverage/gym-memberships-fitness-programs;

Gary Schuman, "Suicide and the Life Insurance Contract: Was the Insured Sane or Insane? That Is the Question—or Is It?," *Tort and Insurance Law Journal 28* (1993): 745–77.

5. Joseph E. Stiglitz, "Information and the Change in the Paradigm in Economics," *American Economic Review 92*, no. 3 (2002): 472.

6. Kaiser Family Foundation, "Medicare Advantage," June 6, 2019, https://www.kff.org/medicare/fact-sheet/medicare-advantage/.

7. Centers for Medicare and Medicaid Services, "Gym Membership Coverage"; Alicia L. Cooper and Amal N. Trivedi, "Fitness Memberships and Favorable Selection in Medicare Advantage Plans," *New England Journal of Medicine 366*, no. 2 (January 12, 2012): 150–57, https://doi.org/10.1056/NEJMsa1104273.

8. Meredith Freed, Anthony Damico, and Tricia Neuman, "A Dozen Facts about Medicare Advantage in 2020," Kaiser Family Foundation, January 13, 2021, https://www.kff.org/medicare/issue-brief/a-dozen-facts-about-medicare-advantage-in-2020/.

9. Damon Jones, David Molitor, and Julian Reif, "What Do Workplace Wellness Programs Do? Evidence from the Illinois Workplace Wellness Study," *Quarterly Journal of Economics 134*, no. 4 (November 1, 2019): 1747–91, https://doi.org/10.1093/qje/qjz023.

10. Charlotte Lieberman, "What Wellness Programs Don't Do for Workers," *Harvard Business Review*, August 14, 2019, https://hbr.org/2019/08/what-wellness-programs-dont-do-for-workers.
11. Arthur Miller, *Death of a Salesman* (New York: Penguin Books, 1998), 99–100.
12. Sandra G. Boodman, "The Dilemma of AZT: Who Can Afford It?," *South Florida Sun-Sentinel*, August 10, 1989, https://www.sun-sentinel.com/news/fl-xpm-1989-08-10-8902250304-story.html; "AZT's Inhuman Cost," *New York Times*, August 28, 1989, sec. A.
13. Rebecca Shoenthal and Amanda Shih, "Does Life Insurance Cover Suicide?," *Policygenius*, November 10, 2020, https://www.policygenius.com/life-insurance/does-life-insurance-cover-suicide/.
14. AAA Northeast, "Membership Terms," accessed April 20, 2021, https://northeast.aaa.com/membership/my-aaa/membership-terms.html.
15. Mila Araujo and Julius Mansa, "What to Expect from a Life Insurance Medical Exam," *The Balance*, April 1, 2021, https://www.thebalance.com/what-to-expect-your-life-insurance-medical-exam-2645799; Kaitlyn Wells and Mark Smirniotis, "How to Shop for the Best Pet Insurance," *Wirecutter, New York Times*, August 25, 2021, https://www.nytimes.com/wirecutter/reviews/best-pet-insurance/.
16. Samuel Hsin-yu Tseng, "Three Essays on Empirical Applications of Contract Theory" (University

of Chicago, 2006); Yun Jeong Choi, Joe Chen, and Yasuyuki Sawada, "Life Insurance and Suicide: Asymmetric Information Revisited," *B.E. Journal of Economic Analysis & Policy 15*, no. 3 (July 1, 2015): 1127–49, https://doi.org/10.1515/bejeap-2014-0081.

17. Neil D. Weinstein, "Unrealistic Optimism about Future Life Events," *Journal of Personality and Social Psychology* 39, no. 5 (1980): 806–20.
18. Marika Cabral, "Claim Timing and Ex Post Adverse Selection," *Review of Economic Studies 84*, no. 1 (January 2017): 1–44, https://doi.org/10.1093/restud/rdw022.
19. Ran Abramitzky, *The Mystery of the Kibbutz*, Princeton Economic History of the Western World (Princeton, N.J.: Princeton University Press, 2018).
20. Wells and Smirniotis, "How to Shop for the Best Pet Insurance."
21. Igal Hendel and Alessandro Lizzeri, "The Role of Commitment in Dynamic Contracts: Evidence from Life Insurance," *Quarterly Journal of Economics 118*, no. 1 (2003): 299–327.

## 第六章

1. Patient Protection and Affordable Care Act, Pub. L. No. 111-148, 42 U.S. Code (2010), https://www.congress.gov/bill/111th-congress/house-bill/3590 /text; Matthew Rae, Anthony Damico, Cynthia

Cox, Gary Claxton, and Larry Levitt, "The Cost of the Individual Mandate Penalty for the Remaining Uninsured," Kaiser Family Foundation, December 9, 2015, https://www.kff.org/health-reform/issue-brief/the-cost-of-the-individual-mandate-penalty-for-the-remaining-uninsured/.

2. Patient Protection and Affordable Care Act.

3. Transcript of Oral Argument, Department of Health and Human Services, et al., v. Florida, et al., No. 11-398 (Supreme Court of the United States March 27, 2012).

4. George A. Akerlof, "The Market for 'Lemons': Quality Uncertainty and the Market Mechanism," *Quarterly Journal of Economics 84*, no. 3 (1970): 488–500, https://doi.org/10.2307/1879431.

5. American Association for Labor Legislation, "Brief for Health Insurance," *American Labor Legislation Review 6* (1916): 212.

6. Commonwealth of Massachusetts, chapter 58 of the Acts of 2006 (2006), https://malegislature.gov/Laws/SessionLaws/Acts/2006/Chapter58; Commonwealth of Massachusetts, 830 CMR 111M.2.1: Health Insurance Individual Mandate; Personal Income Tax Return Requirements (2006), https://www.mass.gov/regulations/830-CMR-111m21-health-insurance-individual-mandate-personal-income-tax-return.

7. Amitabh Chandra, Jonathan Gruber, and Robin McKnight, "The Importance of the Individual

Mandate—Evidence from Massachusetts," *New England Journal of Medicine 364*, no. 4 (January 12, 2011): 293–95, https://doi.org/10.1056/NEJMp1013067.

8. National Federation of Independent Business, et al., v. Sebelius, Secretary of Health and Human Services, et al., 567 U.S. 519 (2012).

9. National Highway Traffic Safety Administration, "Summary of State Speed Laws," August 2007, https://www.ems.gov/pdf/HS810826.pdf.

10. Emanuel Ezekiel, *Which Country Has the World's Best Health Care?* (New York: PublicAffairs, 2020); Bruce Gowers, dir., *Robin Williams: An Evening at the Met* (HBO, 1986).

11. Tax Cuts and Jobs Act, Pub. L. No. 115-97 (2017).

12. Massachusetts Department of Revenue, "TIR 09-25: Individual Mandate Penalties for Tax Year 2010," Technical Information Release (December 30, 2009), https://www.mass.gov/technical-information-release/tir-09-25-individual-mandate-penalties-for-tax-year-2010; U.S. Census Bureau, "HIC-6_ACS. Health Insurance Coverage Status and Type of Coverage by State—Persons under 65: 2008 to 2019," 2008, 6, https://www.census.gov/data/tables/time-series/demo/health-insurance/historical-series/hic.html; U.S. Census Bureau, "HIB-6. Health Insurance Coverage Status and Type of Coverage by State—Persons under 65: 1999 to 2012," 2006, 6, https://www.census.gov/data/tables/time-series/

demo/health-insurance/historical-series/hib.html; Lisa Zamosky, "Do We Need a Stiffer Individual Mandate Penalty?," *HealthInsurance.org Blog*, September 14, 2016, https://www.healthinsurance.org/blog/do-we-need-a-stiffer-individual-mandate-penalty/.

13. "Text—H.R. 3590—111th Congress (2009–2010): Patient Protection and Affordable Care Act," March 23, 2010, https://www.congress.gov/bill/111th-congress/house-bill/3590/text; Kaiser Family Foundation, "Marketplace Average Benchmark Premiums," October 2020, https://www.kff.org/health-reform/state-indicator/marketplace-average-benchmark-premiums/; U.S. Census Bureau, "HIB-6," 6.

14. Kaiser Family Foundation, "An Overview of Medicare," February 13, 2019, https://www.kff.org/medicare/issue-brief/an-overview-of-medicare/.

15. Florida Department of Highway Safety and Motor Vehicles, "Florida Insurance Requirements," accessed October 30, 2020, https://www.flhsmv.gov/insurance/; Mark Fitzpatrick, "Cost of SR-22 & FR-44 Insurance in Florida and How Coverage Works," ValuePenguin, March 5, 2021, https://www.valuepenguin.com/car-insurance/sr22-fr44-florida; Kara McGinley and Stephanie Nieves, "How Much Car Insurance Is Required in Every State," *Policygenius*, April 21, 2021, https://www.policygenius.com/auto-insurance/car-insurance-required-in-every-state/.

16. Pietro Tebaldi, "Estimating Equilibrium in Health Insurance Exchanges: Price Competition and Subsidy Design under the ACA" (PhD diss., Stanford University, 2016), 78.

17. Insurance Information Institute, "Automobile Financial Responsibility Laws by State," 2019, https://www.iii.org/automobile-financial-responsibility-laws-by-state; McGinley and Nieves, "How Much Car Insurance Is Required in Every State."

18. The Right Honorable George Osborne and Her Majesty's Treasury, "Chancellor George Osborne's Budget 2014 Speech," March 19, 2014, https://www.gov.uk/government/speeches/chancellor-george-osbornes-budget-2014-speech; Djuna Thurley, "Pensions: Annuities" (House of Commons Library, June 29, 2015); Finance Act (1921), https://www.legislation.gov.uk/ukpga/1921/32/pdfs/ukpga_19210032_en.pdf; Finance Act, 4 & 5 Eliz. 2 (Parliament of the United Kingdom, 1956), https://www.legislation.gov.uk/ukpga/1956/54/pdfs/ukpga_19560054_en.pdf; Finance Act (1976), https://www.legislation.gov.uk/ukpga/1976/40/pdfs/ukpga_19760040_en.pdf.

19. Edmund Cannon, Ian Tonks, and Rob Yuille, "The Effect of the Reforms to Compulsion on Annuity Demand," *National Institute Economic Review 237*, no. 1 (August 1, 2016): R47–54, https://doi.org/10.1177/002795011623700116.

20. Mark Bowden, *Killing Pablo: The Hunt for the Richest, Most Powerful Criminal in History* (New York:

Atlantic Monthly Press, 2001).

21. Amitabh Chandra, Jonathan Gruber, and Robin McKnight, "The Impact of Patient Cost-Sharing on Low-Income Populations: Evidence from Massachusetts," *Journal of Health Economics 33* (January 1, 2014): 57–66, https://doi.org/10.1016/j.jhealeco.2013.10.008; Matthew Panhans, "Adverse Selection in ACA Exchange Markets: Evidence from Colorado," *American Economic Journal: Applied Economics 11*, no. 2 (April 2019): 1–36, https://doi.org/10.1257/app.20170117.
22. Tebaldi, "Estimating Equilibrium," 78.
23. Panhans, "Adverse Selection in ACA Exchange Markets."
24. National Flood Insurance Act, Pub. L. No. 90-448, 42 U.S.C. (1968), https://www.govinfo.gov/content/pkg/STATUTE-82/pdf/STATUTE-82-Pg476.pdf.

## 第七章

1. Alisha Haridasani Gupta and Natasha Singer, "Your App Knows You Got Your Period. Guess Who It Told?," *New York Times*, January 28, 2021, sec. U.S., https://www.nytimes.com/2021/01/28/us/period-apps-health-technology-women-privacy.html; Arthur Holland Michel, "There Are Spying Eyes Everywhere—and Now They Share a Brain," *Wired*, February 4, 2021, https://www.wired.com/story/

there-are-spying-eyes-everywhere-and-now-they-share-a-brain/.

2. 23andMe, "Our Health + Ancestry DNA Service," accessed February 2, 2022, https://www.23andme.com/dna-health-ancestry.

3. National Human Genome Research Institute, "Genetic Discrimination," accessed April 9, 2021, https://www.genome.gov/about-genomics/policy-issues/Genetic-Discrimination; Article 10. Reduction and Control of Insurance Rates, California Insurance Code, § 1861 (1988), https://leginfo.legislature.ca.gov/faces/codes_displayText.xhtml?lawCode=INS&division=1.&title=&part=2.&chapter=9.&article=10.

4. National Human Genome Research Institute, "Genetic Discrimination."

5. Civil Rights Act, Pub. L. No. 88-352, 42 U.S. (1964), https://www.govinfo.gov/content/pkg/STATUTE-78/pdf/STATUTE-78-Pg241.pdf; John F. Kennedy, "Civil Rights Message," June 11, 1963, http://www.presidentialrhetoric.com/historicspeeches/kennedy/civilrightsmessage.html.

6. Civil Rights Act; Memsy Price, "To Buy the World a Coke," *Indy Week*, February 15, 2012, https://indyweek.com/news/archives/buy-world-coke/.

7. Library of Congress, "Greensboro Lunch Counter Sit-In," accessed January 26, 2022, https://www.loc.gov/exhibits/odyssey/educate/lunch.html; Peter Applebome, "The Man Behind Rosa Parks," *New*

*York Times*, December 7, 2005, sec. New York, https://www.nytimes.com/2005/12/07/nyregion/the-man-behind-rosa-parks.html.

8. eBay, "Sept. 1960 F W Woolworth Colorado Lunch Counter Laminate Digital Menu Reprint," accessed January 26, 2022, https://www.ebay.com/itm/133720536369?hash=item1f225d7531:g:vbQAAOSwE-xgcIBS.

9. Robert A. Hummer and Juanita J. Chinn, "Race/Ethnicity and U.S. Adult Mortality," *Du Bois Review: Social Science Research on Race 8*, no. 1 (2011): 5–24, https://doi.org/10.1017/S1742058X11000051.

10. Werner Guth, Rolf Schmittberger, and Bernd Schwarze, "An Experimental Analysis of Ultimatum Bargaining," *Journal of Economic Behavior & Organization 3*, no. 4 (December 1, 1982): 367–88, https://doi.org/10.1016/0167-2681(82)90011-7.

11. Alan C. Monheit, Joel C. Cantor, Margaret Koller, and Kimberley S. Fox, "Community Rating and Sustainable Individual Health Insurance Markets in New Jersey," *Health Affairs 23*, no. 4 (2004): 167–75; Katherine Swartz and Deborah W. Garnick, "Lessons from New Jersey," *Journal of Health Politics, Policy and Law 25*, no. 1 (2000): 45–70; Uwe Reinhardt, "The Case for Mandating Health Insurance," *Economix* (blog), *New York Times*, October 23, 2009, https://economix.blogs.nytimes.com/2009/10/23/the-case-for-mandating-health-insurance/?searchResultPosition=10; Jonathan Cohn,

"The New Jersey Experience: Do Insurance Reforms Unravel without an Individual Mandate?," *Kaiser Health News*, March 20, 2012, https://khn.org/news/nj-ind-mandate-case-study/; Larry Levitt and Gary Claxton, "Is a Death Spiral Inevitable If There Is No Mandate?," Kaiser Family Foundation, June 19, 2012, https://www.kff.org/health-reform/perspective/is-a-death-spiral-inevitable-if-there-is-no-mandate/.

12. Thomas Buchmueller and John DiNardo, "Did Community Rating Induce an Adverse Selection Death Spiral? Evidence from New York, Pennsylvania, and Connecticut," *American Economic Review 92*, no. 1 (2002): 280–94; Leigh Wachenheim and Hans Leida, "The Impact of Guaranteed Issue and Community Rating Reforms on States' Individual Insurance Markets," Miliman, March 2012, http://www.statecoverage.org/files/Updated-Milliman-Report_GI_and_Comm_Rating_March_2012.pdf.
13. Robert Pear, "Pooling Risks and Sharing Costs in Effort to Gain Stable Insurance Rates," *New York Times*, May 22, 1994; Buchmueller and DiNardo, "Did Community Rating Induce an Adverse Selection Death Spiral?"
14. Katherine Swartz and Deborah W. Garnick, "Can Adverse Selection Be Avoided in a Market for Individual Health Insurance?," *Medical Care Research and Review 56*, no. 3 (September 1, 1999): 373–88, https://doi.org/10.1177/107755879905600306.

15. Mark Miller, "Medicare's Private Option Is Gaining Popularity, and Critics," *New York Times*, September 18, 2020, sec. Business, https://www.nytimes.com/2020/02/21/business/medicare-advantage-retirement.html; Centers for Medicare and Medicaid Services, "Medicare Enrollment Dashboard," accessed January 22, 2021, https://www.cms.gov/Research-Statistics-Data-and-Systems/Statistics-Trends-and-Reports/CMSProgramStatistics/Dashboard; Meredith Freed, Anthony Damico, and Tricia Neuman, "A Dozen Facts about Medicare Advantage in 2020," Kaiser Family Foundation, January 13, 2021, https://www.kff.org/medicare/issue-brief/a-dozen-facts-about-medicare-advantage-in-2020/.
16. Miller, "Medicare's Private Option."
17. Miller.
18. Centers for Medicare and Medicaid Services, "When Can I Buy Medigap?," accessed April 26, 2021, https://www.medicare.gov/supplements-other-insurance/when-can-i-buy-medigap.
19. Cristina Boccuti, Gretchen Jacobson, Kendal Orgera, and Tricia Neuman, "Medigap Enrollment and Consumer Protections Vary across States," Kaiser Family Foundation, July 11, 2018, https://www.kff.org/medicare/issue-brief/medigap-enrollment-and-consumer-protections-vary-across-states/.
20. Vilsa Curto, "Pricing Regulations in Individual Health Insurance: Evidence from Medigap" (PhD

diss., Stanford University, 2016).

## 第八章

1. Gabriel London, dir., *The Life and Mind of Mark DeFriest* (Naked Edge Films, Thought Cafe, 2014).
2. Thomas G. McGuire, Joseph P. Newhouse, and Anna D. Sinaiko, "An Economic History of Medicare Part C," *Milbank Quarterly 89*, no. 2 (2011): 289–332.
3. Gretchen Jacobson, Meredith Freed, Anthony Damico, and Tricia Neuman, "A Dozen Facts about Medicare Advantage in 2019," Kaiser Family Foundation, June 6, 2019, https://www.kff.org/medicare/issue-brief/a-dozen-facts-about-medicare-advantage-in-2019/.
4. McGuire, Newhouse, and Sinaiko, "Economic History of Medicare Part C."
5. McGuire, Newhouse, and Sinaiko; Gregory C. Pope, Randall P. Ellis, Arlene S. Ash, et al., "Principal Inpatient Diagnostic Cost Group Model for Medicare Risk Adjustment," *Health Care Financing Review 21*, no. 3 (2000): 93–118.
6. McGuire, Newhouse, and Sinaiko, "Economic History of Medicare Part C"; Joseph Newhouse, Melinda Beeuwkes Buntin, and John Chapman, "Risk Adjustment and Medicare," Commonwealth Fund, June 1999.

7. John Tozzi, "Insurers Gaming Medicare Might Cost Washington Billions a Year," *Bloomberg*, June 23, 2015, https://www.bloomberg.com/news/articles/2015-06-23/insurers-gaming-medicare-might-cost-washington-billions-a-year; Michael Geruso and Timothy Layton, "Upcoding: Evidence from Medicare on Squishy Risk Adjustment," *Journal of Political Economy* 128, no. 3 (2020), https://doi.org/10.1086/704756.

8. "'Gold Rush' Is Started by Ford's $5 Offer," *Ford Times*, January 7, 1914, https://www.thehenryford.org/collections-and-research/digital-collections/artifact/99336/#slide=gs-216532.

9. Medicare Prescription Drug, Improvement, and Modernization Act, Pub. L. No. 108-182, § 1305, 42 U.S.C. (2003), https://www.congress.gov/108/plaws/publ173/PLAW-108publ173.htm.

10. Ben Franklin, "The Good, the Bad, and the Ugly," *Washington Spectator*, January 15, 2004; Jessie X. Fan, Deanna L. Sharpe, and Goog-Soog Hong, "Health Care and Prescription Drug Spending by Seniors," *Monthly Labor Review*, March 2003.

11. Marvin Moser, "Historical Perspectives on the Management of Hypertension," *Journal of Clinical Hypertension* 8, no. 8 (August 2006): 15–20; R. W. Scott, "Clinical Blood Pressure," in *Practice of Medicine*, ed. Frederick Tice (Hagerstown, Md.: W. F. Prior, 1946), 93–114; Howard Bruenn, "Clinical Notes on the Illness and Death of President Franklin D. Roosevelt," *Annals of Internal Medicine 72*,

no. 4 (1970): 579–91.

12. Harvard Health, "Medications for Treating Hypertension," August 1, 2009, https://www.health.harvard.edu/heart-health/medications-for-treating-hypertension.
13. Kaiser Family Foundation, "An Overview of the Medicare Part D Prescription Drug Benefit," October 14, 2020, https://www.kff.org/medicare/fact-sheet/an-overview-of-the-medicare-part-d-prescription-drug-benefit/.
14. Gina Kolata, "Co-Payments for Expensive Drugs Soar," *New York Times*, April 4, 2008, https://www.nytimes.com/2008/04/14/us/14drug.html.
15. Colleen Carey, "Technological Change and Risk Adjustment: Benefit Design Incentives in Medicare Part D," *American Economic Journal: Economic Policy 9*, no. 1 (2017): 38–73.
16. John Kautter, Melvin Ingber, Gregory C. Pope, and Sara Freeman, "Improvements in Medicare Part D Risk Adjustment: Beneficiary Access and Payment Accuracy," *Medical Care 50*, no. 12 (December 2012): 1102–8, https://doi.org/10.1097/MLR.0b013e318269eb20.

## 結語

1. Franz Kafka, *The Office Writings*, ed. Stanley Corngold, Jack Greenberg, and Benno Wagner (Princeton,

N.J.: Princeton University Press, 2015), 20.

2. National Center for Education Statistics, "Economic Outcomes," in *The Condition of Education*, 2020, https://nces.ed.gov/programs/coe/pdf/coe_cba.pdf.

3. Jaleesa Bustamante, "Average Cost of College [2021]: Yearly Tuition + Expenses," EducationData, June 7, 2019, https://educationdata.org/average-cost-of-college.

4. Milton Friedman, "Economics and the Public Interest," in *The Role of Government in Education*, ed. Robert Solo (New Brunswick, N.J.: Rutgers University Press, 1955), http://la.utexas.edu/users/hcleaver/330T/350kPEEFriedmanRoleOfGovttable.pdf.

5. Bret Ladine, "'70s Debt Program Finally Ending," *Yale Daily News*, March 27, 2001, https://yaledailynews.com/blog/2001/03/27/70s-debt-program-finally-ending/; Elaine Fong, "New Model an Alternative for Financing Education," *Daily Northwestern*, January 28, 2002, https://dailynorthwestern.com/2002/01/28/archive-manual/new-model-an-alternative-for-financing-education/; Michael T. Nietzel, "Augustana College Will Be First in U.S. to Test Income Insurance for Graduates," *Forbes*, July 21, 2021, https://www.forbes.com/sites/michaeltnietzel/2021/07/21/augustana-college-will-be-first-college-to-offer-income-insurance-to-graduates/.

6. Daniel Herbst and Nathaniel Hendren, "Opportunity Unraveled: Private Information and the Missing

Markets for Financing Human Capital" (NBER Working Paper 29214, National Bureau of Economic Research, Cambridge, Mass., September 2021), https://doi.org/10.3386/w29214.

7. Purdue University, Division of Financial Aid, "Income Share Agreements," accessed May 24, 2021, https://www.purdue.edu/dfa/types-of-aid/income-share-agreement/index.html; lumni, "Students," accessed May 24, 2021, https://www.lumni.net/students/; Pando, "Income Pooling," accessed May 24, 2021, https://www.pandopooling.com/.

8. Robert Gibbons and Lawrence F. Katz, "Layoffs and Lemons," *Journal of Labor Economics 9*, no. 4 (October 1, 1991): 351–80, https://doi.org/10.1086/298273.

9. Matt Bonesteel, "Evander Kane, Who Has Made More than $50 Million in His NHL Career, Files for Bankruptcy," *Washington Post*, January 12, 2021, https://www.washingtonpost.com/sports/2021/01/12/evander-kane-bankruptcy/.

10. Joseph E. Stiglitz and Andrew Weiss, "Credit Rationing in Markets with Imperfect Information," *American Economic Review 71*, no. 3 (1981): 393–410.

11. Marcus White, "Report: Sharks' Kane, $27 Million in Debt, Files for Bankruptcy," NBC Sports, January 11, 2021, https://www.nbcsports.com/bayarea/sharks/report-sharks-evander-kane-27-million-debt-declares-bankruptcy.

12. Lawrence Ausubel, "Adverse Selection in the Credit Card Market" (unpublished paper, June 17, 1999), https://jfhoude.wiscweb.wisc.edu/wp-content/uploads/sites/769/2019/09/Asubel_wp1999.pdf.
13. Joseph E. Stiglitz, "Information and the Change in the Paradigm in Economics," *American Economic Review 92*, no. 3 (2002): 468.

新商業周刊叢書 BW0828

# 揭密保險

## 為風險與人命定價的商業模式，如何打造與摧毀這個億萬帝國？

國家圖書館出版品預行編目(CIP)數據

揭密保險：為風險與人命定價的商業模式,如何打造與摧毀這個億萬帝國?/利倫.艾納夫(Liran Einav), 艾咪.芬克爾斯坦(Amy Finkelstein), 雷.費斯曼(Ray Fisman)著；許可欣譯. -- 初版. -- 臺北市：商周出版：英屬蓋曼群島商家庭傳媒股份有限公司城邦分公司發行, 2023.08
面； 公分. --(新商業周刊叢書；BW0828)
譯自：Risky business : why insurance markets fail and what to do about it

ISBN 978-626-318-794-8 (平裝)

1.CST: 保險 2.CST: 保險市場 3.CST: 保險公司

563.7　　112011468

原文書名／Risky Business: Why Insurance Markets Fail and What to Do About It
作　　者／利倫・艾納夫 (Liran Einav)、艾咪・芬克爾斯坦 (Amy Finkelstein)、雷・費斯曼 (Ray Fisman)
譯　　者／許可欣
企劃選書／黃鈺雯
責任編輯／黃鈺雯
版　　權／吳亭儀、林易萱、江欣瑜、顏慧儀
行銷業務／周佑潔、林秀津、賴正祐、吳藝佳

總 編 輯／陳美靜
總 經 理／彭之琬
事業群總經理／黃淑貞
發 行 人／何飛鵬
法律顧問／台英國際商務法律事務所
出　　版／商周出版　臺北市中山區民生東路二段141號9樓
電話：(02)2500-7008　傳真：(02)2500-7759
E-mail：bwp.service@cite.com.tw
發　　行／英屬蓋曼群島商家庭傳媒股份有限公司　城邦分公司
台北市104民生東路二段141號2樓
電話：(02)2500-0888　傳真：(02)2500-1938
讀者服務專線：0800-020-299　24小時傳真服務：(02)2517-0999
讀者服務信箱：service@readingclub.com.tw
劃撥帳號：19833503
戶名：英屬蓋曼群島商家庭傳媒股份有限公司城邦分公司
香港發行所／城邦(香港)出版集團有限公司
香港灣仔駱克道193號東超商業中心1樓
電話：(825)2508-6231　傳真：(852)2578-9337
E-mail：hkcite@biznetvigator.com
馬新發行所／城邦(馬新)出版集團
Cite (M) Sdn Bhd
41, Jalan Radin Anum, Bandar Baru Sri Petaling,
57000 Kuala Lumpur, Malaysia.
電話：(603)9057-8822　傳真：(603)9057-6622　email: cite@cite.com.my

封面設計／盧卡斯工作室　內文設計暨排版／無私設計・洪偉傑　印　刷／鴻霖印刷傳媒股份有限公司
經 銷 商／聯合發行股份有限公司　電話：(02)2917-8022　傳真：(02) 2911-0053
地址：新北市231新店區寶橋路235巷6弄6號2樓

ISBN／978-626-318-794-8（紙本）978-626-318-795-5( EPUB )
定價／410元（紙本）285元（EPUB）


2023年8月初版


城邦讀書花園
www.cite.com.tw

商周出版

| | | | |
|---|---|---|---|
| 廣 | 告 | 回 | 函 |
| 北區郵政管理登記證 | | | |
| 北臺字第10158號 | | | |
| 郵資已付，免貼郵票 | | | |

10480　台北市民生東路二段141號9樓

英屬蓋曼群島商家庭傳媒股份有限公司城邦分公司　收

請沿虛線對摺，謝謝！

商周出版

書號：BW0828　　書名：揭密保險

請於此處用膠水黏貼



# 讀者回函卡

感謝您購買我們出版的書籍！請費心填寫此回函卡，我們將不定期寄上城邦集團最新的出版訊息。



姓名：____________________ 性別：□男 □女

生日：西元________年________月________日

地址：____________________

聯絡電話：____________ 傳真：____________

E-mail：

學歷：□ 1. 小學 □ 2. 國中 □ 3. 高中 □ 4. 大學 □ 5. 研究所以上

職業：□ 1. 學生 □ 2. 軍公教 □ 3. 服務 □ 4. 金融 □ 5. 製造 □ 6. 資訊
□ 7. 傳播 □ 8. 自由業 □ 9. 農漁牧 □ 10. 家管 □ 11. 退休
□ 12. 其他____________

您從何種方式得知本書消息？

□ 1. 書店 □ 2. 網路 □ 3. 報紙 □ 4. 雜誌 □ 5. 廣播 □ 6. 電視
□ 7. 親友推薦 □ 8. 其他____________

您通常以何種方式購書？

□ 1. 書店 □ 2. 網路 □ 3. 傳真訂購 □ 4. 郵局劃撥 □ 5. 其他______

您喜歡閱讀那些類別的書籍？

□ 1. 財經商業 □ 2. 自然科學 □ 3. 歷史 □ 4. 法律 □ 5. 文學
□ 6. 休閒旅遊 □ 7. 小說 □ 8. 人物傳記 □ 9. 生活、勵志 □ 10. 其他

對我們的建議：____________________

____________________

____________________

【為提供訂購、行銷、客戶管理或其他合於營業登記項目或章程所定業務之目的，城邦出版人集團（即英屬蓋曼群島商家庭傳媒（股）公司城邦分公司、城邦文化事業（股）公司），於本集團之營運期間及地區內，將以電郵、傳真、電話、簡訊、郵寄或其他公告方式利用您提供之資料（資料類別：C001、C002、C003、C011 等）。利用對象除本集團外，亦可能包括相關服務的協力機構。如您有依個資法第三條或其他需服務之處，得致電本公司客服中心電話 02-25007718 請求協助。相關資料如為非必要項目，不提供亦不影響您的權益。】

1.C001 辨識個人者：如消費者之姓名、地址、電話、電子郵件等資訊。
2.C002 辨識財務者：如信用卡或轉帳帳戶資訊。
3.C003 政府資料中之辨識者：如身分證字號或護照號碼（外國人）。
4.C011 個人描述：如性別、國籍、出生年月日。

請於此處用膠水黏貼